IMAGEM
MASCULINA

GUIA PRÁTICO PARA O HOMEM
CONTEMPORÂNEO

Dados Internacionais de Catalogação na Publicação (CIP)
(Jeane Passos de Souza – CRB 8ª/6189)

Taleb, Alexandre
Imagem masculina: guia prático para o homem contemporâneo / Alexandre Taleb – São Paulo : Editora Senac São Paulo, 2018.

ISBN 978-85-396-2428-7
e-ISBN 978-85-396-2431-7 (ePub/2018)
e-ISBN 978-85-396-2432-4 (PDF/2018)

1. Moda masculina 2. Imagem masculina 3. Pocket Book I. Título.

16-398s

CDD – 391.1
BISAC DES005000
CRA009000

Índice para catálogo sistemático:

1. Moda masculina 391.1

ALEXANDRE TALEB

IMAGEM
MASCULINA

GUIA PRÁTICO PARA O HOMEM CONTEMPORÂNEO

EDITORA SENAC SÃO PAULO – SÃO PAULO – 2018

Gerente/Publisher: Luís Américo Tousi Botelho
Coordenação Editorial: Ricardo Diana
Prospecção: Dolores Crisci Manzano
Administrativo: Verônica Pirani de Oliveira
Comercial: Aldair Novais Pereira

Edição e Preparação de Texto: Heloisa Hernandez e Luiz Guasco
Coordenação de Revisão de Texto: Janaina Lira
Revisão de Texto: Rogério Salles
Coordenação de Arte: Antonio Carlos De Angelis
Projeto Gráfico e Editoração Eletrônica: Manuela Ribeiro
Fotografia: Editora Boccato – Cristiano Lopes
Capa: Manuela Ribeiro
Imagem da Capa: Loja Zapalla (foto de Cristiano Lopes)
Coordenação de E-books: Rodolfo Santana
Impressão e Acabamento: Gráfica Impress

Gostaríamos de agradecer às seguintes marcas pelas roupas e acessórios que ilustram este livro:
Alexandre Won – imagens 14 a 16, 19, 41, 43, 44, 50 a 52, 55, 56, 60, 66 e 68;
Coach NY – imagens 37 a 40, 63 e 64;
Daslu – imagens 10 a 13, 17, 42, 45, 48, 54, 59 e 65;
Etiqueta Negra – imagens 1 a 9, 49, 57, 58 e 62;
Sapataria Cometa – imagens 20 a 24, 26 a 33, 35 e 36;
Thomas Bird – imagem 18;
Zapalla – imagens 47 e 48.

Agradecedemos à Zapalla por permitir realizar fotografias de sua loja (capa, páginas 8 e 18), bem como a Alexandre Won, que autorizou o uso das fotografias realizadas em seu ateliê (páginas 10 e 118).

Editora Senac São Paulo
Av. Engenheiro Eusébio Stevaux, 823 – Prédio Editora
Jurubatuba – CEP 04696-000 – São Paulo – SP
Tel. (11) 2187-4450
editora@sp.senac.br
https://www.editorasenacsp.com.br

SUMÁRIO

NOTA DOS EDITORES

O cuidado com a imagem masculina abrange desde situações cotidianas até o âmbito corporativo e as redes sociais, sendo necessário estar atento a cada detalhe para não cometer deslizes que possam comprometer oportunidades desejadas.

Esta publicação traz as orientações e dicas de Alexandre Taleb, a partir de sua experiência profissional e formação com especialistas na área de imagem pessoal, para que os homens possam identificar seus traços físicos e de personalidade, a fim de valorizá-los e adequá-los a uma imagem com a qual se sintam confortáveis e que projete seus objetivos de vida.

Nesse sentido, são detalhados roupas e acessórios, suas características e usos, além da regra dos pontos, para nunca pecar pelo excesso de cores ou estampas; e são propostas as peças essenciais que o homem deve ter em seu guarda-roupa para transitar com versatilidade entre situações formais e informais – tudo isso devidamente ilustrado. A atenção ao cartão de visitas, o aperto de mão confiante e a etiqueta no trabalho e nas redes sociais também são temas abordados.

O Senac São Paulo, ao publicar esta obra, visa atender àqueles que buscam informações práticas sobre imagem masculina, com o respaldo de um especialista no assunto, oferecendo recursos para que os homens possam usar a sua imagem a seu favor, viabilizando projetos e conquistas.

DEDICO ESTE LIVRO A TODOS OS HOMENS, PARA QUE POSSAM APRENDER SOBRE A IMAGEM MASCULINA E COMO ELA PODE AJUDÁ-LOS NO DIA A DIA.

TAMBÉM O DEDICO ÀS MULHERES, PARA QUE POSSAM AJUDAR SEUS COMPANHEIROS, FILHOS E FAMILIARES.

AGRADEÇO PRIMEIRAMENTE A DEUS,
POR TER ME DADO ESSE PRIVILÉGIO;

À MINHA ESPOSA E ÀS MINHAS FILHAS,
COMPANHEIRAS E LUZES DO MEU DIA A DIA;

À MINHA MÃE, AO MEU PAI (EM MEMÓRIA),
A MEUS IRMÃOS E CUNHADOS(AS),
QUE ME ENSINARAM O VALOR DA VIDA;

AOS MEUS SOBRINHOS, PELA FORÇA;

AGRADEÇO TAMBÉM CARINHOSAMENTE
À ILANA BERENHOLC, AO NEY SCHREIBER E À
PATRÍCIA DALPRA, POR ME DAREM ESSA FORÇA
TÃO GRANDE PARA ESCREVER ESTE LIVRO.

PREFÁCIO

Êba! A publicação de um guia prático para o homem contemporâneo em um mercado no qual livros e revistas sobre o universo feminino dominam deve ser aplaudida. Por mais que o número de publicações voltadas às mulheres seja consideravelmente maior, isso não reflete de forma proporcional o interesse do público masculino pelo tema. O homem contemporâneo não somente presta mais atenção ao seu cuidado pessoal e à sua imagem do que fazia anos atrás, como também o faz mais abertamente.

Uma figura emblemática desse homem é Barack Obama. Um presidente que não somente apareceu em capas de revistas de notícias, como *Time* ou *Newsweek*, mas também em revistas de entretenimento, como *Rolling Stones*, *Esquire* e *Vanity Fair*. Desde o início, ele surgiu com uma imagem muito forte, com ternos bem-cortados, levemente mais ajustados do que estávamos acostumados a ver. Gosto apenas? Não. Tal indício apontava mais do que uma mudança estética – demonstrava que viria uma nova forma de se comunicar e de se relacionar, reflexo do mundo atual. Com ele, veio um presidente com uma imagem mais dinâmica, comunicativa, ágil e acessível – atributos que se tornaram sua marca e pelos quais ele é admirado.

A roupa revela tendências de moda e de comportamento. É uma das principais ferramentas que temos para comunicar quem somos, nossos valores e crenças, aonde chegamos – ou queremos chegar – e, assim, ela ajuda a nos posicionar. O que vestimos afeta como nos sentimos e o que projetamos, influenciando diretamente as relações que estabelecemos com os outros.

Quando comparados com as mulheres, os homens vivem em uma cultura hierárquica, na qual manifestar realizações e qualidades, de forma verbal ou não verbal, é valorizado. Diferentemente da cultura norte-americana, em que encontramos a expressão "*to blow your own horn*",[1] para nós, gabar-se não é bem-visto. Portanto, demonstrar quem somos de forma silenciosa é mais recomendado do que fazer muito barulho a nosso respeito. Assim, aprender a usar sua imagem de forma estratégica para se posicionar tem muita importância. E, hoje, há muito mais recursos para isso.

Qual é a imagem do homem contemporâneo? Como estar adequado? Como se destacar na medida certa? O que o homem comunica por meio do que veste? Essas são algumas das perguntas que este livro responde. Qual modelo de terno adotar, que cor usar em determinada situação e qual o sapato mais adequado não são simples escolhas de moda, mas decisões de imagem e de comunicação.

Alexandre Taleb é um apaixonado pelo tema e um dos poucos especialistas em imagem e estilo focados no público masculino. Ele próprio reflete a imagem do homem dinâmico e conectado dos dias de hoje. Seu grande talento é combinar seu olhar clássico e atemporal com elementos que trazem contemporaneidade e personalidade ao estilo individual.

Neste livro, ele compartilha seu conhecimento e sua vivência, apresentando-nos indicações para o vestuário masculino, acompanhadas dos casos de clientes que atendeu, exemplos que deixam claro como todos podem se beneficiar do gerenciamento de sua imagem.

Ao ler este livro, o homem terá mais independência e autonomia, ganhando maestria para fazer as escolhas que irão refletir sua personalidade e o ajudarão a se posicionar da forma como deseja.

ILANA BERENHOLC, AICI CIC, CPBS
Estrategista em personal branding e imagem

---

1 Gabar-se, vangloriar-se.

APRESENTAÇÃO

O que vem primeiro à cabeça quando alguém pensa em você? Será que a lembrança imediata é a sua simpatia? Talvez a timidez ou, quem sabe, a segurança com que expõe suas ideias? A impressão que os outros têm a seu respeito corresponde à maneira como você vê a si próprio? E o que gera essa percepção: é a nossa aparência, o comportamento, as roupas que vestimos? É com essas questões que nós, consultores de imagem, trabalhamos. Afinal, a forma como nos apresentamos é um dos canais mais fortes de comunicação, ativado antes mesmo que troquemos as primeiras palavras com nossos interlocutores.

Nos dias *on-line* de hoje, mais do que nunca, a consultoria de imagem é um poderoso aliado do homem. Vivemos uma época de *selfies* a cada troca de roupa, etapa de viagem ou refeição. As atualizações de *status*, nas redes sociais, são frenéticas: compartilham-se rigorosamente todas as atividades do dia, do treino na academia à obturação no dentista. Mesmo que você não seja esse ser obsessivamente conectado, certamente conhece e convive com vários deles no trabalho, na família e no círculo de amigos. Afinal, desde o surgimento das redes sociais na internet, o Brasil é um dos países que se destacam quanto ao número de usuários cadastrados.

Com a possibilidade de exposição de todos os momentos, perdemos um pouco da ideia de bastidor, e até o que fazemos dentro de casa passa a ser observado por pessoas que, em outro contexto, não teriam acesso à nossa vida pessoal; isso inclui clientes, colegas, possíveis empregadores e até concorrentes. Não que a preocupação com a imagem seja um fenômeno recente – a história mostra quanto os imperadores da Antiguidade, por exemplo, já estavam conscientes da necessidade da empatia de seus súditos e do temor por parte dos povos inimigos. O pensador Maquiavel escreveu, ainda no século XVI, o clássico

CONSULTORIA DE IMAGEM E PERSONAL STYLIST

IDENTIDADE VISUAL – COMO VOCÊ QUER SER VISTO?

Em nosso universo contemporâneo, somos bombardeados de informações 24 horas por dia – e não só pelas redes sociais. A tecnologia também mudou a cobertura jornalística, daquela que aborda a política àquela que se dedica à cultura, ao comportamento ou mesmo ao dia a dia das celebridades. Já a globalização alterou de forma irreversível o mercado de trabalho, do corporativo ao empreendedorismo. Ninguém mais quer ser igual a todo mundo, a ordem agora é se destacar. E como mostrar ao mundo o seu diferencial?

A consultoria de imagem proporciona a criação de uma identidade pessoal por meio de um processo minucioso e detalhado, que parte de várias etapas de análise individual até chegar a um perfil que comunique a essência do indivíduo de forma estratégica, de acordo com objetivos desenhados em conjunto com o cliente. Somos procurados – pelos mais diferentes motivos ligados a essa necessidade de se desenhar uma identidade visual – por celebridades, políticos, empresários, profissionais mudando de emprego... São pessoas em diversas fases da vida, mas com um objetivo comum: o de valorizar seus atributos e ter acesso a mais e melhores oportunidades. Nosso trabalho, mesmo quando inclui o serviço de personal stylist, não se resume a revolucionar o guarda-roupa do cliente. Em certos casos, inclusive, esse é o aspecto menos afetado no processo. O que fazemos é orientar e coordenar quem nos contrata em um caminho de autoconfiança e empoderamento que o conduza às melhores escolhas: as que valorizam suas qualidades. Nossa matéria-prima é o estilo, mas o alcance do que fazemos vai muito além disso. O objetivo, mais do que tornar um homem bem-vestido, é transformá-lo em alguém que influencia positivamente a maneira como os outros o percebem, fazendo com que essa percepção se converta em oportunidades, seja no trabalho, seja na vida pessoal.

O que vestimos nos ajuda a mostrar ao mundo como pensamos e nos colocamos na sociedade. O trabalho do personal stylist, um dos desdobramentos da consultoria de imagem, é criar essa identidade visual. Isso não se restringe a simplesmente ajudar uma pessoa a escolher roupas, mas abrange uma investigação profunda do cliente, desde o seu tipo físico até os seus hábitos – passando, claro, pelo seu estilo. A partir desse estudo é que desenhamos toda uma estratégia que, mais do que apenas renovar o guarda-roupa, orienta o cliente a fazer as melhores escolhas considerando o seu estilo, fortalecendo sua autoconfiança e permitindo que ele passe não só a se vestir adequadamente como também a organizar suas compras, seu armário, suas malas de viagem e a manutenção de suas peças. Trata-se, portanto, de construir uma imagem própria e com personalidade, que, consequentemente, fará o cliente se apresentar melhor em diferentes situações de sua vida pessoal e profissional.

A partir da primeira impressão que causamos ao outro, todas as interações seguintes serão um momento para confirmar ou questionar essa percepção inicial. Assim, precisamos ser capazes de comunicar as nossas qualidades aos outros, em ambiente profissional e fora dele também. Dessa forma, a marca personalizada bem trabalhada pode se converter em uma ótima reputação, ressaltando nossos atributos preferenciais.

COMO SE COMUNICAR

O segredo do sucesso ao se comunicar – seja em uma reunião de negócios com profissionais altamente qualificados, seja em uma apresentação ou treinamento de um grupo maior de pessoas – está em estabelecer a maior proximidade possível com o estilo do público.

Engana-se, por isso, quem acha que a comunicação se dá apenas no nível das palavras e da expressão vocal. Muitas vezes, nosso corpo fala mais alto do que nossas próprias palavras. Conscientemente ou não, ele também transmite mensagens – portanto, é fundamental saber ler o corpo dos outros e saber usar o próprio para transmitir ou enfatizar uma mensagem.

É mais difícil mentir com o corpo do que com as palavras, pois, enquanto o discurso verbal é um processo intelectual, a linguagem corporal reflete nosso estado emocional. A imagem é uma ferramenta de comunicação que pode ser verbal e não verbal. Neste livro, vamos nos concentrar na comunicação não verbal ligada diretamente à aparência, ao estilo.

PERSONAL STYLIST – O CUIDADO COM A IMAGEM

O ponto de partida do personal stylist é uma entrevista aprofundada com o cliente, para entender seus hábitos, suas preferências e suas expectativas para o trabalho. Costumo usar um questionário que ajuda bastante no diagnóstico das necessidades desse cliente. Analisando as respostas e juntando a elas minhas impressões da entrevista, que incluem a observação do biótipo e outras características físicas e de estilo, elaboro um dossiê e estou pronto para as próximas etapas.

Em seguida, é hora de conhecer o guarda-roupa do cliente. Esse momento lembra bastante os programas de makeover que pipocam na televisão. Separamos as peças que devem ser esquecidas para sempre, destacamos as que valorizam o estilo que queremos reforçar e identificamos o que falta para completar os novos looks. É muito importante que o planejamento dessas compras leve em conta o orçamento de que o cliente dispõe para esse fim. Como veremos mais à frente, uma verba reduzida não impede que se monte um bom acervo, e nisso o personal stylist é um grande aliado.

A consultoria segue, então, rumo às compras, orientando o cliente a procurar lojas e peças alinhadas ao diagnóstico, adquirindo itens para todas as ocasiões: trabalho, lazer, eventos formais, etc. Como personal shopper, ajudo na escolha criteriosa de todos os itens, do básico aos acessórios, habilitando o cliente a fazer o mesmo quando estiver sozinho nas próximas vezes.

Sou fã do estilo elegante; admiro os clássicos, seja da alfaiataria, seja do comportamento, mas confesso que não resisto a uma quebra de paradigma de estilo e adoro questionar algumas regras que, em minha opinião – e de fashionistas de todo o planeta –, merecem ser revistas. Sei, porém, que só posso quebrá-las graças a meu conhecimento de moda e a um olhar construído por anos de experiência. Pretendo, aqui, partilhar elementos para que você trabalhe sua imagem da melhor forma, com personalidade, usando os meios a seu alcance para fortalecer seus atributos – do *seu* jeito.

O trabalho do personal stylist é uma ferramenta importante, mas nem todo mundo quer ou pode contratar um profissional para esse fim. Minha ideia, ao escrever este livro, é ajudá-lo a cuidar de sua imagem a partir de um comportamento adequado e do melhor uso dos recursos de estilo, para que você atinja seus objetivos. Meu desejo é guiá-lo por uma série de conceitos, recursos e dicas rumo ao melhor aproveitamento das suas características próprias, por conta de um novo emprego, da perspectiva de casamento ou mesmo para que você se sinta mais confiante em sua vida profissional e pessoal. Seguindo os passos que apresentarei a seguir, certamente a primeira lembrança que todos terão ao pensar em você será a de um homem seguro, elegante e muito bem-educado.

ESTILOS UNIVERSAIS E SUAS CARACTERÍSTICAS

A PRIMEIRA IMPRESSÃO

Como bem diz o ditado, a primeira impressão é a que fica. Quer você acredite, quer não, por que se arriscar? A verdade é que, em menos de um segundo de interação com outra pessoa, começamos a avaliar nossas afinidades sociais, culturais e intelectuais com ela e podemos estabelecer se a troca será amigável ou não.

É nesse curtíssimo intervalo que se estabelece, inconscientemente, uma impressão sobre as características de nosso interlocutor: sua escolaridade, ocupação, situação financeira, classe social, credibilidade, confiabilidade, humor, potencial de sucesso, estado civil. Ainda que ao longo do tempo se prove que determinadas qualidades foram percebidas por engano, a primeira impressão já foi consolidada, e ela permeará o modo como vamos nos relacionar com aquele indivíduo.

A maioria dos textos, cursos e *workshops* de consultoria de estilo e imagem se refere exclusivamente ao ambiente profissional. Seria essa uma limitação dos consultores? Claro que não! A verdade é que o nosso trabalho, em ambiente corporativo ou como profissional liberal, é um grande espelho de quem somos. E, como vimos no primeiro capítulo, o principal canal de comunicação de nossa marca pessoal é a imagem. No mundo contemporâneo, com redes sociais transmitindo o tempo todo cada passo que damos, já não se pode falar em vida particular: somos todos pessoas públicas. Mesmo quem não tem conta no Facebook ou no Instagram pode ser marcado a qualquer momento, sem o menor controle, em *posts* de terceiros. Ou seja, no que diz respeito ao nosso comportamento na presença – física ou virtual – de outras pessoas, todo cuidado é pouco.

Já tive clientes famosos que não se controlavam nas redes sociais, argumentando que, no seu perfil pessoal, poderiam falar o que quisessem por não estarem ligados ali a qualquer compromisso profissional. Errado! O público (e nossos amigos, conhecidos, amigos dos amigos, jornalistas e até gente mal-intencionada) não faz essa diferenciação e não se furta a julgar – e replicar para as pessoas com as quais se relaciona – algo com que não concorda. Essa relação, aliás, fica ainda mais perigosa se considerarmos que, na internet, as opiniões de quem quer que seja não passam por nenhum filtro antes de aparecerem *on-line*, adquirindo o mesmo peso de artigos escritos por gente séria e de fatos cientificamente comprovados.

Nesse quadro de ampla exposição, nosso comportamento no ambiente profissional é mesmo o mais revelador da nossa postura como um todo e, por isso, é o aspecto mais enfocado nos trabalhos de consultoria. Ao longo deste livro, falarei também de vida pessoal, mas muito do que recomendo para esse âmbito já aparece nas *guidelines* do mundo corporativo, como veremos no próximo capítulo.

OS SETE ESTILOS UNIVERSAIS

A divisão em sete perfis de estilo foi desenvolvida pela renomada consultora americana Alyce Parsons, que publicou, nos anos 1990, as obras *Universal Style: Dress for Who You Are and What You Want* (*Estilo universal: vista-se de acordo com quem você é e com o que você quer*) e *What's My Style?* (*Qual é o meu estilo?*). Adotada nas grandes escolas de moda, como as nova-iorquinas Parsons School of Design e Fashion Institute of Technology, essa divisão propagou-se pelo resto do mundo e até hoje é uma referência muito forte. Assim como o conceito do capsule wardrobe, do qual falarei mais à frente, trata-se de uma excelente ferramenta para organizar da melhor forma o que funciona para o guarda-roupa de cada um.

Essa é uma concepção que, como quase todas no universo da moda e do estilo, está muito desenvolvida no que diz respeito às mulheres. Já no que se refere aos homens, é quase impossível encontrar literatura sobre esse assunto; a própria Alyce Parsons escreveu um livro sobre o tema em 1993, *Universal Style for Men* (*Estilo universal masculino*), esgotado há décadas, inclusive no exterior.

Minha experiência como consultor levou-me a adaptar esses princípios à nossa realidade e às necessidades específicas de meus clientes homens. A divisão em perfis segue válida nos dias de hoje, mas o que aplico no trabalho com eles é um desenvolvimento das referências de Ms. Parsons, somado à minha visão do tema.

A lista original apresenta os seguintes perfis:

CRIATIVO
ELEGANTE
ESPORTIVO
ROMÂNTICO
SEXY
TRADICIONAL
URBANO

A divisão em sete tipos não significa que estejamos presos a apenas um deles. Alguns consultores, inclusive, dividem-nos em dois grupos, acreditando que nascemos com um estilo básico e, ao longo da vida, podemos desenvolver afinidade por um ou dois outros. Não concordo, porém, com essa subdivisão, mesmo entendendo que podemos, sim, trazer características de mais de um estilo.

Vamos, então, entender como usar as diretrizes dos sete estilos para o melhor aproveitamento de suas compras e a criação de um repertório adequado para o seu guarda-roupa. Abordaremos um a um, explicando suas particularidades e fornecendo exemplos de homens que servem de referência a cada um deles, incluindo o que acrescentei a partir de minha experiência.

01

CRIATIVO

São pessoas expansivas, que gostam de se sentir únicas. Misturam todos os estilos e geralmente usam as roupas como forma de declaração de sua personalidade. São homens inovadores, originais, exóticos e aventureiros, com tendências artísticas. Usam desde peças étnicas a artigos *vintage*, sem problemas.

Adoram cores e sabem combinar estampas, sem medo de errar ou misturar tudo no mesmo look. Pouco importa se o acessório é rústico ou se tem design inovador: o importante é que seja único e diferenciado. Não têm uma peça característica, escolhem o que sentem vontade de usar conforme o humor do dia.

PALAVRA-CHAVE: INÉDITO
EXEMPLO: JARED LETO

02

ELEGANTE

São homens refinados, seguros de si, imponentes e sofisticados. Estão sempre com o visual impecável e procuram roupas de melhor qualidade e durabilidade. Sabem que a simplicidade é muito chique.

Geralmente usam combinações de roupas em tom sobre tom, sempre com algum acessório ou peça de roupa que chame mais a atenção. Sua opção por roupas que duram anos não é sinal de acúmulo de peças que ficam obsoletas; pelo contrário: seu guarda-roupa é caracterizado por itens atemporais, que nunca saem de moda. O melhor exemplo disso é a camisa social branca, essencial em seus looks. Um homem elegante sempre tem várias camisas brancas – e gosta de usá-las tanto com bermuda ou jeans, no final de semana, como com seu melhor terno, no trabalho. Sua escolha de acessórios revela sempre um toque notável: sem perder o ar refinado e imponente, são bem combinados e de alta qualidade. Suas roupas se caracterizam por serem feitas sob medida, em alfaiate.

PALAVRA-CHAVE: REBUSCADO
EXEMPLO: ROBERTO JUSTUS

03

ESPORTIVO

São homens espontâneos, que vão direto ao ponto, sem delongas, e que não gostam de enrolação. Ativos e comunicativos, gostam de informalidade e possuem muita energia.

Seu guarda-roupa é caracterizado pelas peças básicas, práticas e muito confortáveis – eles tendem a não gastar muito tempo cuidando da aparência, o que não significa que sejam desleixados!

Como homens que gostam do contato com o mundo, optam por roupas práticas, sem muitos detalhes, mas um zíper ou bolso é ótimo para guardar seus pertences. São adeptos da vestimenta em camadas. No armário predominam as cores discretas, e seus acessórios são funcionais e nada ostensivos. As peças básicas desse perfil são um bom jeans e camiseta larga.

PALAVRA-CHAVE: CONFORTO
EXEMPLO: CAUÃ REYMOND

04

ROMÂNTICO

São homens carinhosos. No trato social, caracterizam-se por serem gentis e cavalheirescos, além de solidários, tanto no ambiente de trabalho quanto fora dele. Geralmente têm cabelo comprido e adoram uma gola alta (rolê) no inverno.

Sua vestimenta tende para peças entre o casual e o rústico, como camisas tipo bata, com padrões florais e de materiais, como o linho; calças de prega, soltas ou de amarrar; chinelos de couro; e chapéu-panamá.

Gostam de polo em cores claras e pastel.

Os acessórios são discretos, mas detalhados, com elementos retrô, e a escolha de cores demonstra leveza, com pouco contraste. A pulseira de madeira é um dos itens preferidos, além das heranças de família.

PALAVRA-CHAVE: ABERTO
EXEMPLO: FÁBIO JR.

05

SEXY

Gostam de ser o centro das atenções. Autoconfiantes, corajosos e seguros, dedicam muito cuidado ao corpo e especial atenção à gestualidade.

São homens sensuais, e seu estilo glamouroso fica mais evidenciado quando saem à noite.

Vaidosos, apostam em peças reveladoras, que valorizam a forma do corpo – camisetas justas, gola V e jeans slim. Têm preferência por roupas pretas ou de cores chamativas. A jaqueta de couro é uma das peças preferidas. Usam acessórios ousados, sempre com um toque de exagero e posicionados estrategicamente: relógios grandes, cintos com fivela de marca, sapatos chamativos e pulseiras.

PALAVRA-CHAVE: INFLAR
EXEMPLO: BRAD PITT

06

TRADICIONAL

São homens com perfil mais conservador, geralmente metódicos e organizados. Profissionalmente, são eficientes. Não seguem a moda e não gostam de usar peças que revelem muito o corpo. Por sua aparência madura e distinta, acabam impondo respeito instantaneamente no primeiro encontro.

Suas roupas se caracterizam por serem de marcas tradicionais, de cores neutras e combinações monocromáticas. Os acessórios são discretos, duráveis e de acabamento impecável. O blazer clássico é a sua assinatura.

PALAVRA-CHAVE: ATEMPORALIDADE
EXEMPLO: WILLIAM BONNER

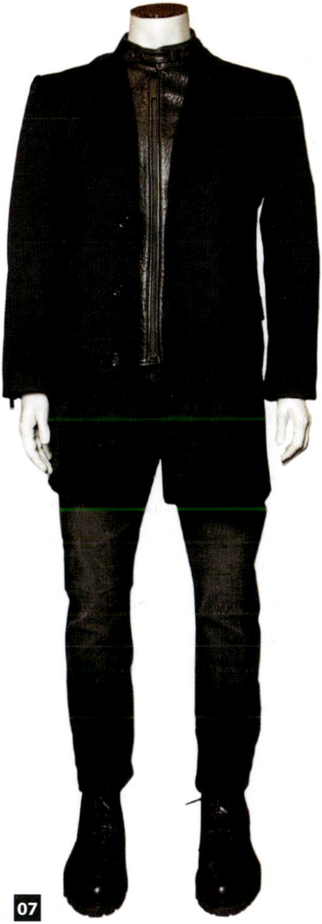

07

URBANO

Sabe aquele homem que nasce em cidade pequena e sonha em se mudar para uma metrópole? Os urbanos gostam de ser o centro das atenções e se sentem à vontade liderando equipes. Determinados, objetivos, sabem o que querem. O vestuário é caracterizado por roupas pretas e/ou escuras, com padrões geométricos, tecidos tecnológicos, gola rolê ou mangas e golas exageradas. Usam relógio grande, de metal. Gostam, ainda, do contraste de cores.

Diferentemente do sexy, destacam-se sem o viés da sensualidade, sempre se revelando surpreendentes e sofisticados. Seus acessórios são chamativos e intrincados, com algo de inusitado.

PALAVRA-CHAVE: POMPOSO
EXEMPLO: DAVID BECKHAM

SUMMER LIFE
BEACH FEST
76

CRIANDO SEU PRÓPRIO ESTILO

Depois de apresentar os perfis de estilo universais masculinos, vamos a conselhos mais específicos para você aplicar no seu dia a dia. Eles servem tanto para a construção de seu visual quanto para tornar sua vida mais prática; afinal, se você vai gastar tempo escolhendo suas roupas, que seja entre as opções certas. Chegou, portanto, a hora de jogar fora as peças supérfluas e que não combinam com você! Desapego, já! E foco no que realmente valoriza você.

IDENTIFICANDO O SEU TIPO FÍSICO

Antes de tratar mais especificamente de roupas e estilo, é necessário compreender os diferentes tipos físicos. Muito mais do que simplesmente uma questão de numeração da camisa ou comprimento da calça, é importante considerar o tipo de corte, o tecido e a cor que caem melhor com a forma do seu rosto e do seu corpo. Por isso, é fundamental conhecer o seu tipo físico antes de comprar novas roupas ou de fazer uma faxina no seu guarda-roupa. Essa é a primeira parte do trabalho de composição de seu visual; mais à frente, será abordado cada um dos itens do vestuário masculino, além de outros cuidados com a aparência e com o comportamento que ajudam a moldar a maneira como você será visto.

FORMATOS DE ROSTO

O rosto masculino pode ser categorizado em seis tipos diferentes. Muitos podem pensar que a preocupação com seu formato se reduz a um mero capricho, o que é um grande engano: o formato do rosto é um elemento imprescindível para ajudar a determinar uma série de detalhes fundamentais do seu vestuário, como o corte de cabelo que fica melhor, a armação de óculos que se deve escolher ou mesmo o tipo de gola que se vai usar – cuidados que vão aprimorar seu visual, propiciando mais harmonia, e que você deve levar em conta sempre que comprar uma nova roupa ou acessório.

Nesse aspecto, peço licença para respeitosamente discordar dos profissionais que trabalham com a venda de óculos. Reza a lenda que o modelo escolhido não deve seguir o formato do rosto. Permitam-me que me oponha a essa ideia, a qual considero ultrapassada. Acredito que a composição fica muito mais harmônica quando os óculos acompanham o formato e a linha do rosto: redondos para rostos redondos, etc.

MAS VOCÊ SÓ PODE CONCORDAR OU DIVERGIR SE ANTES SOUBER QUAIS SÃO OS FORMATOS DE ROSTO EXISTENTES. **VAMOS A ELES:**

Oval

Mais estreito na mandíbula do que nas têmporas. Para esse rosto, qualquer corte de cabelo cai bem. Os óculos recomendados são os redondos e os ovais.

Redondo

A largura do rosto é igual ao comprimento. Recomenda-se usar o cabelo partido de lado, cobrindo assimetricamente a testa, com corte mais cheio em cima e na linha dos olhos, mais curto na linha das orelhas e com costeletas mais longas. Os óculos recomendados são os redondos e os ovais.

Hexagonal

Aparenta ter seis lados retos, com o queixo bem pronunciado formando dois dos lados do polígono. Assim como o rosto oval, combina com qualquer corte de cabelo. Os óculos recomendados são os retos, retangulares.

Quadrado

Testa, mandíbula e maçãs do rosto são da mesma largura. Para esse tipo de rosto, recomenda-se um cabelo cheio em cima, partido de lado e cobrindo um dos cantos superiores. Os óculos recomendados são os retos, retangulares, ou os quadrados.

Triângulo invertido

Chamado de "formato de coração", caracteriza-se por testa larga e mandíbula estreita. Para esse tipo de rosto, recomenda-se um cabelo que não cubra a testa e que seja maior atrás. Os óculos recomendados podem ser de linhas retas ou de curvas, dependendo das linhas do rosto do homem.

Retangular

Mais longo que largo, com testa e mandíbula de mesma largura. Recomenda-se cabelo cheio dos lados, cobrindo a testa assimetricamente, e corte repicado. Não pode ser comprido atrás. Os óculos recomendados são os retos, retangulares.

CABELOS

Quando começo a trabalhar com um novo cliente, uma das primeiras coisas que faço é levá-lo a um visagista. Mais do que cuidar dos cabelos, esse é um profissional que analisa todos os aspectos da face – como a linha das feições, proporções, formato e cor da pele – e indica o melhor desenho para transmitir, com essas características, a imagem desejada. A partir dessa análise, chega-se ao corte de cabelo e ao design de barba e sobrancelhas adequados, além de uma orientação sobre os melhores produtos para mantê-los.

Cada caso tem sua especificidade, mas há dicas que servem para qualquer homem, como a proteção contra o efeito dos raios solares. Já existem no mercado diversos produtos com bloqueador solar, que resguardam o cabelo dos males provocados pelos raios UVA e UVB, tanto no dia a dia quanto na prática de esportes, como a corrida. Já os adeptos da natação devem incluir também cremes hidratantes, já que o cloro tem um efeito negativo sobre o cabelo. Outro aliado importante é a pomada, que controla os fios como um gel, mas de forma discreta.

O maior pecado capilar, na minha opinião, é o uso de peruca. Com toda a evolução tecnológica, ainda não se inventou um modelo que não seja facilmente detectado por todos. O melhor a se fazer quando a calvície é inevitável e começa a se pronunciar é raspar o cabelo, um habito já bem estabelecido em países europeus e nos Estados Unidos. Várias estrelas do cinema mundial esbanjam elegância assumindo a careca: Sean Connery, Bruce Willis, Ben Kingsley, Stanley Tucci, entre outros.

Outra prática perigosa é pintar o cabelo. A tintura também é facilmente percebida, o que acaba anulando a tentativa de disfarçar os fios brancos. Aliás, para que disfarçá-los? O grisalho fica bem no homem, é mais um traço de maturidade e seriedade, que inspira confiança. Costumo recomendar a vários clientes que mantenham o branco. Já há, inclusive, produtos para cabelos grisalhos no mercado, evitando que os fios fiquem amarelados, etc.

Minha postura contra a tintura não significa desaprovação ao desejo de mudar a cor do cabelo masculino, mas, para isso, recomendo o uso dos xampus tonalizantes. E essa é mais uma dica que o visagista poderá dar com muita propriedade.

Em outros quesitos, o bom senso deve imperar, lembrando que devemos sempre ter clareza do tipo de ambiente em que estamos inseridos, prestando atenção na imagem que condiz com esse universo – ou seja, devemos entender que um cabelo comprido de roqueiro não combina, por exemplo, com um grande escritório de advocacia, e assim por diante.

BARBA, BIGODE E CAVANHAQUE

Nos últimos anos, a barba invadiu o mundo da moda, aparecendo em passarelas e no rosto de diversas celebridades, como Brad Pitt e George Clooney, criando um visual mais respeitável ou mais agressivo e rústico. Como toda tendência de sucesso, vem sofrendo também com excessos e uso descuidado. De acordo com a reportagem de Andrew Luecke para a revista *Esquire* (2014), a eBay Fashion realizou uma pesquisa pela qual constatou que mais da metade das entrevistadas (mulheres) preferiam que houvesse menos barbudos no mundo. Também demonstrou um crescimento nas buscas do Google sobre o tema entre 2011 e 2013, seguido de uma queda vertiginosa no ano seguinte.

Independentemente do estilo, a barba do homem atual deve sempre estar bem-feita e limpa. Em homens mais velhos, ela passa uma sensação de *status*, denotando maturidade e experiência – o que a torna um bom recurso para homens com aparência muito jovem, por exemplo. Já em desfiles de moda, a profusão de homens com barba por fazer transmite um ar propositadamente cafajeste e másculo.

Dicas e curiosidades

- O cavanhaque consiste apenas em pelos no queixo. O nome correto da combinação de bigode e barba no queixo é Van Dyke – entretanto, convencionou-se chamá-la de cavanhaque. Com esse tipo de barba, o desenho em linhas retas ajuda a emagrecer, e linhas redondas dão uma impressão de rosto mais cheio.
- Para gordinhos e obesos, recomendo o uso de costeletas, pois elas alongam o rosto. Contudo, há que se observar o visual desejado, pois elas também passam uma impressão de estilo antigo ou retrô, o que pode ser considerado antiquado.
- Quando usar barba inteira, mesmo que volumosa, é interessante retirar um pouco dela das bochechas, para não engordar o rosto. No caso de homens muito magros, é interessante deixá-la mais alta, cobrindo a bochecha, para dar maior volume ao rosto.
- Os carecas devem tomar cuidado ao utilizar barbas compridas, pois elas se destacam, evidenciando o contraste com a parte superior da cabeça.
- É recomendado o uso de barba comprida para homens com papada ou imperfeições no queixo, pois ela pode disfarçar essas características ou até mesmo escondê-las.

Por fim, a dica fundamental: para usar barba, o homem precisa estar sempre com o rosto muito limpo, pois a pele oleosa confere à barba aspecto de suja, o que fica ainda mais pronunciado quando ela é usada farta. A barba deve ser lavada todos os dias com xampu neutro e aparada semanalmente no barbeiro.

Outros pelos, como os do peito, podem incomodar quando em grande volume. A depilação masculina, além de dolorosa, é mais indicada para atletas ou atores e modelos. Uma dica é usar aquele aparador de cabelo, fácil de encontrar em grandes magazines. Essa pequena máquina é prática, de manejo simples, e tem um resultado bem satisfatório, diminuindo o volume sem raspar.

FORMATOS DE CORPO

Saber o que usar, o que combina com você e o que não lhe cai bem é o ponto de partida para se vestir corretamente. De nada adianta estar antenado com as últimas tendências da moda, ou mesmo gastar dinheiro com peças de marcas renomadas, se você não levar em consideração o que condiz com seu tipo físico. Além de estabelecer a diferença entre ser alguém que se conhece e ser mera vítima da moda, aqui está a chave que, em longo prazo, fará com que você economize tempo e dinheiro, sabendo o que comprar, sem investir erroneamente em itens supérfluos que serão usados apenas poucas vezes (ou nunca!).

Corpo oval ou arredondado

Opte por combinações monocromáticas ou de pouco contraste entre as peças e por cortes e padronagens que alonguem seu visual. Camiseta com gola V alonga a imagem e afina o torso. Dê preferência sempre para linhas verticais.

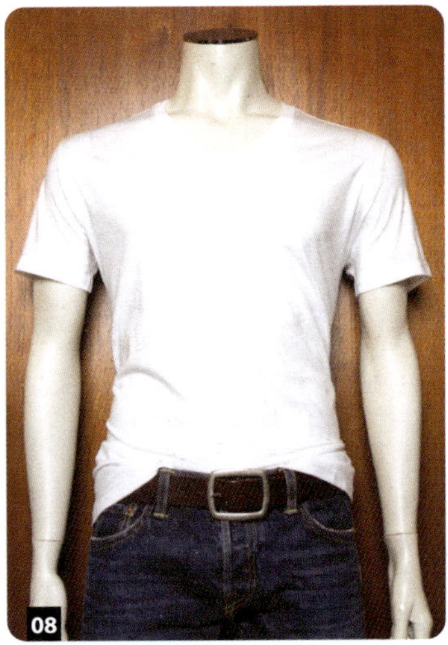

A camiseta com gola V favorece homens com formato de corpo oval ou arredondado

Corpo retangular ou em H

Tente usar calça e camisa de cores diferentes, de modo a criar um contraste entre cada parte do corpo. O uso de listras horizontais no tronco também é recomendado para dar a sensação de maior amplitude na parte superior do corpo.

Calça e camisa de cores contrastantes são indicadas para homens com formato de corpo retangular ou em H

Corpo em Y ou triângulo invertido

Para diminuir a largura dos ombros, evite o uso de camisetas com decote canoa. Os detalhes que chamam atenção (acessórios) devem estar concentrados abaixo da cintura; recomenda-se o uso de calça mais clara (por exemplo, de sarja, gabardine e cambraia) que a camisa.

A calça em tom mais claro que a camisa é recomendada para homens com corpo em Y ou triângulo invertido

DICAS DE TEXTURAS E MATERIAIS

Se você tem como objetivo alargar ou dar volume a determinada parte do seu corpo, opte por tecidos ásperos, enrugados, rígidos e/ou pesados, como tricôs grossos, veludo (liso ou cotelê), brim pesado e couro.

Para alongar e afinar, lance mão de combinações de pouco contraste de cor. Também recomendo o uso de linhas verticais e padronagens com pouco espaçamento entre os desenhos, bem como estampas de tamanho médio ou pequeno.

Para encurtar e alargar, utilize linhas horizontais, estampas grandes, formas arredondadas, estampas claras em fundo escuro e padronagens com muito espaçamento entre os desenhos.

Uma das propostas mais interessantes atualmente é a mistura de estampas e texturas, antes praticamente proibida e hoje tão forte que já virou um clássico nas passarelas. Mesmo assim, ainda existe grande dificuldade de coordená-las bem.

Para que a combinação não fique *over*, deve-se começar a misturar texturas e estampas em detalhes discretos, sempre escolhendo uma que chame mais atenção que as outras, para que não haja conflito.

CORES – MUITO MAIS DO QUE UM MERO DETALHE ESTÉTICO

Anos trabalhando com cuidado da imagem masculina me permitem afirmar que a atenção a detalhes é o que separa um (bom) consultor de imagem do homem comum. É claro que qualquer um pode treinar e aprimorar seu cuidado com o visual, mas o olhar aguçado do profissional é o que permite aconselhar quais são os detalhes que trarão benefício ou poderão cair mal em cada homem. Existem diversos testes para determinar a coloração pessoal; o mais usado é a análise sazonal expandida, que trabalha com um sistema de doze cores. Não pretendo, porém, abordar o assunto com esse detalhamento; falarei apenas das cores frias e quentes.

Muitas vezes a escolha de cores é feita com base no gosto pessoal, o que não basta para compor o melhor visual para a pessoa, pois, na verdade, é importante atentar para as mensagens que as cores passam, assim como saber quais delas combinam melhor com determinado tom de pele. Você pode, por exemplo, gostar muito de vermelho, mas, dependendo do tom de sua pele (falaremos sobre isso logo a seguir), uma armação de óculos vermelha talvez acabe por ressaltar marcas de expressão do seu rosto em vez de comunicar um aspecto jovial.

Seguem algumas dicas de como usar as cores a seu favor, seja para o seu visual, seja para a ideia que você deseja transmitir.

AS CORES E SUAS MENSAGENS

A escolha das cores na hora de se vestir é de suma importância. Assim como a postura e a aparência, as cores transmitem uma mensagem não verbal ao interlocutor; portanto, a atenção a elas é fundamental no mundo dos negócios. A pessoa com quem você está falando pode não fazer uma leitura racional disso, mas os diferentes matizes têm influência na comunicação.

Apresento uma lista das mensagens "escondidas" em cada cor:

- O azul-marinho transmite honestidade, integridade e confiabilidade. É uma cor associada a valores tradicionais, ao conservadorismo e à elegância.
- O azul-claro costuma ser associado à comunicação e à sociabilidade.
- O preto também denota elegância, mas agrega, ainda, autoridade, poder, formalidade e certa distância.
- O cinza-chumbo sugere autoridade, conservadorismo, refinamento, inteligência.
- O marrom passa uma imagem de estabilidade, segurança e resistência a mudanças.
- O branco está associado à serenidade e à calma para enfrentar situações desconhecidas, comunicando ainda simplicidade, pureza, esperança, confiabilidade e ideais artísticos.
- O laranja remete a desafios; ligado ao exotismo, à criatividade, à praticidade, à motivação, à sociabilidade e, no mundo dos negócios, a conquistas monetárias.
- O creme e o caramelo indicam elegância, acessibilidade e confiança.
- O vinho representa refinamento, elegância e formalidade.
- O rosa é a cor da delicadeza e do romantismo, transmitindo confiabilidade.
- O verde é cordialidade, harmonia, firmeza com tranquilidade, ponderação e equilíbrio.
- O amarelo é pura excitação e abertura a novas ideias.
- O vermelho é coragem, sensualidade, força, movimento; comunica poder, persuasão, ousadia e sedução. É uma cor que chama a atenção, mas deve ser usada com cuidado, pois pode cansar.

Por sua neutralidade e pela mensagem que transmitem, azul-marinho e cinza-chumbo são as cores que recomendo para uma entrevista de emprego, especialmente se você não tiver muitas informações sobre o perfil do entrevistador.

Pele quente × pele fria

Podemos dividir as pessoas em dois tipos no que se refere às cores que combinam melhor com seu tom de pele. Pessoas de pele quente são aquelas cuja tez harmoniza melhor com tons vivos (como vermelho e laranja), enquanto as de pele fria combinam com tons mais gélidos (azuis e acinzentados).

Muito mais do que um mero detalhe estético, saber quais cores caem melhor com seu tom de pele pode propiciar uma considerável melhoria na sua aparência, uma vez que o tom errado acaba destacando imperfeições e causando uma aparência cansada.

Um dos mitos sobre o tom da pele é que pessoas de pele clara têm tom de pele frio, mas não é assim que funciona. O subtom de pele pode ser facilmente verificado quando você enrubesce: se fica rosado, seu tom é frio; se fica alaranjado, sua pele é quente. Outra crença equivocada é a de que pessoas de pele escura têm tom quente, o que nem sempre é verdade.

Um teste muito eficiente para determinar o tom de pele é pegar dois pedaços de tecido – um dourado e outro prateado – e, diante do espelho, fazer a comparação, enrolando um tecido de cada vez ao redor do pescoço. Se, com o tecido dourado, imperfeições, marcas na sua pele e olheiras se destacarem, você tem o tom de pele frio. Se a aparência cansada for destacada pelo tecido prateado, você tem pele quente.

As cores quentes, que favorecem pessoas de pele quente, são as seguintes: metal dourado, marrom, camelo, bege, creme, petróleo, oliva, musgo, pistache, vermelho-tijolo, coral, tomate, salmão, pêssego e amarelo-ouro.

Já as cores frias, indicadas para pessoas cujo tom de pele é frio, são: metal prateado, preto, cinza, branco, marinho, violeta, roxo-azulado, verde-escuro, verde-esmeralda, azul-celeste, azul-cobalto, vermelho-cereja, pink, rosas em geral e amarelo-limão.

ROUPAS

Um guarda-roupa satisfatório se compõe de diferentes peças e acessórios, tanto para uso diário, no trabalho, como para vestir fora desse ambiente, como em saídas à noite, passeios nos fins de semana ou para ir à academia.

A seguir, apresento os itens imprescindíveis ao homem que deseja se vestir adequadamente para as mais diversas ocasiões.

TERNO

Esta é, sem dúvida, a peça de maior destaque do guarda-roupa masculino, companheiro inseparável dos profissionais do mundo corporativo. Tradicionalmente, é composto de três peças (daí a origem de seu nome): paletó, colete e calça. Erroneamente, convencionou-se chamar de terno o conjunto composto apenas de paletó e calça – que, na verdade, chama-se costume. Por ser o Brasil um país onde faz muito calor, o colete muitas vezes é deixado de lado, não constituindo gafe usar o "terno de duas peças". Além disso, o fator econômico deve ser considerado: ternos que incluem o colete custam mais caro; assim, o ideal é, antes de comprar uma peça, ter a certeza de que será realmente usada. Para meu gosto pessoal, porém, é muito chique usar as três peças do terno.

Nunca compre um terno de material sintético! Não se pode fazer uma economia tola na hora de adquirir a peça mais importante de seu guarda-roupa e que será a base de seu visual. O terno deve ser 100% de lã fria, e você deve ter notado que há diversas variações de numeração: super 80, 100, 120, 180, e por aí vai. A numeração mais alta indica fios mais finos e nobres – e, portanto, mais caros –, enquanto numerações como 80 e 100 indicam que o terno é feito com fios mais grossos, que acabam dando um aspecto mais pesado e grosseiro ao conjunto.

Uma regra fundamental na hora de vestir um terno de dois ou três botões é que o último botão sempre deve estar desabotoado. Os ternos de três botões hoje já não estão mais na moda, sendo uma opção muito conservadora. Caso você seja conservador e goste de usar o paletó com três botões, é possível, em um ambiente mais informal, deixar o botão de cima solto, abotoando somente o do meio. Os ternos de dois botões são a opção mais comum no Brasil, hoje, mas a tendência atual da moda é o terno de apenas um botão. Nem todas as lojas têm esse tipo de peça, que é a última tendência mundial quando se quer estar chique. Assim, vale a pena correr atrás de uma loja em que se possa encontrá-la.

No mundo corporativo e em eventos sociais, só há três cores de terno possíveis: azul-marinho, cinza e preto. Indico para meus clientes somente o terno azul e o cinza, deixando o preto em último lugar.

Dessas três opções, a mais chique e bacana é o terno azul-marinho, que é mais elegante para trabalhar, ir a um casamento ou participar de uma entrevista de emprego.

Quanto às tonalidades de cinza, cada uma tem suas especificidades. O cinza-claro só deve ser usado até as 18 horas. O cinza-médio e o chumbo são mais versáteis nesse aspecto, podendo ser também utilizados à noite.

BOTÃO DO TERNO

A tendência de deixar o botão de baixo do terno desabotoado foi lançada pelo rei Eduardo VII, da Inglaterra. Ele sempre teve muita preocupação com seu visual, e isso é notado pelos ternos de corte justo que usava. Com uma barriga um pouco avantajada, o rei tinha o hábito de deixar o último botão do paletó desabotoado, para obter mais mobilidade e conforto ao sentar-se. Logo o hábito passou a ser imitado por toda a corte e assim entrou para a história.

Tradicionalmente, o brasileiro prefere os ternos pretos, por julgar que são os mais seguros para usar em diferentes ocasiões. Ledo engano! Costumo recomendar que meus clientes evitem os ternos pretos – e, se você vai contar com poucas opções no guarda-roupa, é melhor nem tê-los. Fora do Brasil, o terno preto é muito pouco utilizado no mundo corporativo.

O terno preto de pouca qualidade ressalta os defeitos da peça, que fica com aspecto de produto barato e mal-acabado. Não se pode esquecer, também, que o terno preto liso é a roupa típica dos seguranças – nada contra a profissão, mas, se você deseja estar apresentável no mundo dos negócios, a última coisa que você vai querer transmitir é uma imagem intimidativa. Para ter um terno preto, ele tem que ser de muita qualidade, com um corte impecável, feito de um tecido muito bom, com algum tipo de padronagem (linhas em relevo ou risca de giz). Por fim, recomendaria uma peça dessas apenas para festas muito chiques, e nunca para o dia a dia no escritório.

Além das cores, há diversas opções de padronagem dos tecidos, como xadrez, espinha de peixe, listrado, risca de giz, pied-de-poule. Por mais refinados e estilosos que sejam, esses tipos de terno apresentam uma desvantagem: marcam muito o visual do homem. Portanto, seu uso não é recomendado no dia a dia, especialmente para quem conta com poucos ternos. Assim, é mais interessante montar seu guarda-roupa dando ênfase aos lisos, nas cores já indicadas, e só partir para opções com padronagem se você já contar com outras possibilidades (e desde que seu orçamento permita). Como dica pessoal, sempre sugiro a meus clientes o terno azul-escuro, peça essencial, a melhor opção para jamais errar!

E as outras cores? Não recomendo o uso senão do azul-marinho e do cinza para o mundo corporativo. Ternos beges só caem bem em homens cheios de estilo e ambientes de trabalho que permitam algum tipo de casualidade. Também não recomendo os marrons. Eles podem ser comuns na Itália, sendo vestidos por homens superestilosos, com cortes justos, mas não combinam muito com o nosso país, que demanda mais formalidade em ocasiões sociais.

Quanto aos ternos coloridos, jamais! A menos que você seja um personagem de história em quadrinhos.

CALÇA SOCIAL

Hoje, a norma é produzir calças sem pregas – há marcas que incluem uma prega bem pequena, apenas como detalhe –, pois elas acabam engordando o homem que as veste, deixando-o com um visual um pouco amarrotado. Algumas marcas cismam em vender calça com a barra italiana – costurada. Não é nenhum crime usar uma calça assim, mas ela acaba achatando quem a veste, não sendo, por isso, recomendada a homens muito baixos.

A altura da barra da calça depende um pouco do estilo de cada homem, mas o tradicional é que ela cubra totalmente a meia sem ficar engrouvinhada. Homens com um visual mais ousado podem usar a calça um pouco mais curta, mas não recomendo esse visual para ambientes muito formais, como um escritório de advocacia.

11

Barra da calça tradicional

12

Barra da calça um pouco mais curta

CAMISA

A maioria dos homens negligencia a camisa social, dando mais importância a outras peças de vestuário e comprando camisas padronizadas, produzidas em escala industrial. O problema disso é que cada homem tem um corpo diferente, e o que deveria ser "para todos os homens" raramente está perfeitamente adequado a alguém.

Ainda que seja mais caro, recomendo o investimento em algumas poucas camisas feitas sob medida em uma camisaria ou alfaiataria no lugar de um guarda-roupa cheio de peças padronizadas de cores diferentes. O camiseiro vai medir o tamanho do seu tronco, da sua barriga, a largura dos ombros, e vai notar se você tem o braço mais longo ou curto – é um mito a proporção exata entre tronco e braços assim como a ideia de que a altura é precisamente igual à envergadura do homem. Um camiseiro vai fazer uma camisa sob medida exata. É um investimento que vale a pena, especialmente se seu corpo foge ao padrão.

Com base nas medidas que o profissional tira, podemos aprender algumas lições a serem aplicadas na hora de provar uma camisa.

Quanto à medida do pescoço, o colarinho, quando fechado, deve permitir que se passe um dedo – nem mais, nem menos **13**.

Há três tipos de colarinho: o tradicional **14** (totalmente fechado), o francês **15** (semiaberto) e o italiano **16** (totalmente aberto). O tradicional, com as pontas próximas uma da outra e apontadas para baixo, é indicado para os homens mais gordinhos, pois dessa forma o rosto é alongado. O italiano, com as pontas para fora, é recomendado para homens muito magros, pois ele alarga e dá volume a homens de pescoço muito comprido e estreito. O francês, alongado somente nas pontas, adequa-se à maioria dos homens.

Camisas compradas em loja, além de terem menos opções de colarinho, normalmente vêm com "barbatanas" para deixar o colarinho firme. Isso ocorre porque a entretela da gola de camisas feitas em escala industrial é muito fina e não mantém a forma do colarinho. Camisas feitas sob medida em alfaiataria ou camiseiro têm uma entretela grossa na gola, mantendo a forma sempre impecável (a seu preço, é claro).

Como medir o tamanho ideal do colarinho

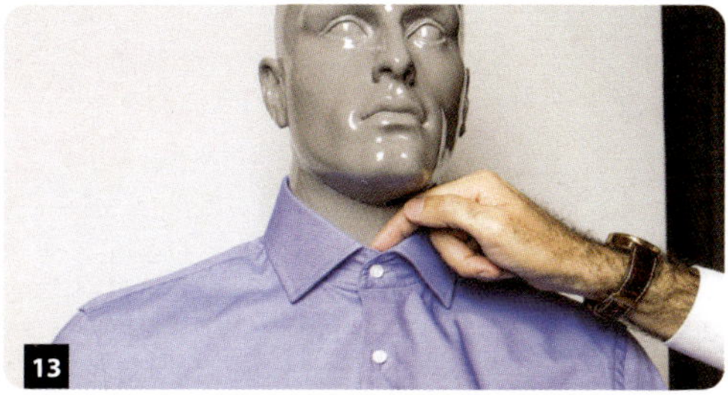

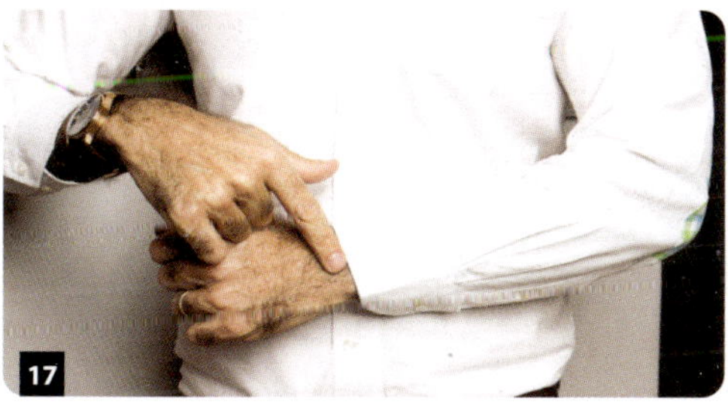

Como medir a camisa pelo tamanho do braço

O comprimento exato do braço deve ser medido desde o ombro até o osso externo do punho (aquele que fica um pouco protuberante), com o cotovelo em ângulo de 90° **17**. Na hora de vestir a camisa, cuidado para não apertar demais o punho: os dois botões servem para o lado do relógio, por exemplo.

É interessante também saber se a camisa será usada para dentro ou para fora da calça: se for para fora, ela deve cobrir a cintura da calça. Se for usada para dentro, ela deve ser um pouco mais longa, de forma que não fique saindo quando você se sentar e se levantar.

As opções de tecido devem ser linho ou algodão, e as cores e a estamparia (linhas ou xadrez) variam muito e dependem do gosto de cada um. É importante ter em mente que quanto mais estampada, mais informal. Quanto mais lisa e menos colorida, maior é a formalidade da camisa – sendo a branca lisa a mais formal de todas.

No mercado de roupas, cada vez mais se veem camisas que precisam de abotoadura, artigo antes não disponível em todas as lojas, mas encontrado com maior facilidade em camisarias ou alfaiatarias. As abotoaduras vêm se tornando um sinal de alto *status*, denotando extrema elegância, e hoje são mais baratas, sendo possível encontrá-las em todo tipo de loja.

SAPATO

Os sapatos são o acessório mais importante para o homem.

O Oxford foi o primeiro sapato masculino de cadarço, criado na cidade inglesa de mesmo nome, no século XVII. É caracterizado por ter o cadarço costurado direto no corpo do sapato, sem abas laterais. É o sapato mais social que há: uma aposta segura para usar no dia a dia do trabalho, em festas, eventos corporativos e até casamentos. A combinação de terno e sapato Oxford é a mais chique para o homem.

Há quatro modelos diferentes de Oxford. O wholecut **18** é feito a partir de um pedaço único de couro, sem emendas e com costura apenas no calcanhar. O plain toe **19** tem a frente completamente lisa, enquanto o cap toe **20** tem uma listra horizontal na ponta, criando uma biqueira. O saddle **21** é um Oxford bicolor, geralmente de couro preto ou branco, mas com variações.

18

19

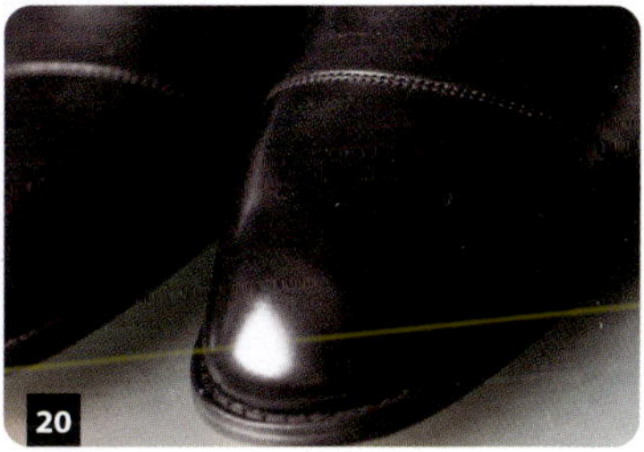

20

21

O Derby é o segundo tipo de sapato mais importante. Desenvolvido no século XIX, permite, com suas abas laterais, maior conforto, especialmente para homens com pé muito gordo, largo ou alto. Assim como o Oxford, é recomendado para todas as ocasiões sociais, exceto eventos muito chiques, como um casamento. Há três tipos de Derby, que se diferenciam pela forma como o sapato é fechado. O plain **22** tem a frente completamente lisa. O Derby cap toe, tal como o Oxford cap toe, é o que tem a biqueira (costura horizontal na parte da frente). E o norueguês **23** (norwegian ou split toe) tem uma listra vertical que divide a ponta do sapato.

O monk é um sapato originado do tipo de calçado usado por monges do século XV. Entre os sapatos sem cadarço, é a opção mais formal. Sua principal característica é uma tira de couro que o atravessa. Em um monk autêntico **24**, a faixa de couro é ajustável, abrindo e fechando, e nunca costurada ao sapato (meramente decorativa). Por ser o calçado sem cadarço mais elegante, pode ser usado no dia a dia, no trabalho ou mesmo em casamentos.

O docksider **25** é um sapato desenvolvido na década de 1940, desenhado para uso náutico: seu solado de borracha branca não risca o convés do barco, além de propiciar estabilidade no piso escorregadio. É um calçado que combina bem com calças jeans, de sarja, com bermudas ou com uma roupa mais casual.

22

23

24

25

O mocassim é um calçado que não se amarra, sendo colocado direto no pé. Com solado de couro, pode ser utilizado em uma ocasião social; já os de solado de borracha são mais apropriados para uma situação casual, combinando com jeans ou calça de sarja.

Tipos de mocassim:

- O loafer **26** é o mais conhecido mocassim. Inspirado em um modelo usado por noruegueses na década de 1930, tem como diferencial uma faixa de couro com um losango vazado na parte que cobre o peito do pé.
- O driver **27** é um tipo de mocassim desenvolvido especialmente para pilotos, confortável e com pequenas pastilhas ou pininhos no solado, que evitam que o pé escorregue nos pedais. Com o tempo, ele saiu das pistas e passou a ocupar as ruas, compondo bem um visual casual.
- O mocassim side gore **28** é caracterizado por suas pequenas bandas elásticas nas laterais, que permitem maior conforto ao adaptar-se à curvatura do pé.

26

27

28

Alguns sapatos mais refinados possuem pequenos furos decorativos, chamados brogues. Muita gente se confunde com essa designação, achando que esse é o nome do tipo de calçado, e acaba usando o termo para o sapato, e não para os furinhos. O efeito do brogue é meramente estético; os calçados com esse elemento são mais bem-acabados e visivelmente mais imponentes.

O uso desse elemento decorativo é variado, o que determina os seguintes tipos de brogue:

➜ O full brogue **29** se caracteriza por uma biqueira pontuda com desenho em forma de W que se estende pela lateral do sapato. Essa "asa" inspirou o outro nome pelo qual ele é conhecido, wingtips. Os furinhos estão na ponta e no contorno do calçado.

➜ Já no longwing **30**, a "asa" dá a volta no sapato todo, com furos na ponta e no contorno.

➜ O austerity brogue **31** tem só a faixa em W na biqueira, sem furos. O modelo austero foi criado pelos sapateiros ingleses durante a Segunda Guerra Mundial, quando o couro se tornou artigo raro.

➜ Além do full, há o meio **32** e o um quarto **33** de brogue. O meio costuma ter perfurações na ponta sem asa, com furinhos também no cap toe. Se ele não tiver perfuração na ponta, apenas no cap toe, o sapato será um quarto de brogue.

➜ O spectator **34** é um brogue com variação de cores, podendo ser tanto um Oxford quanto um Derby.

29

30

31

32

33

34

O sapato slipper **35** foi criado na Inglaterra em uma época em que as ruas não tinham calçamento. Era um calçado do tipo chinelo, de veludo, com interior de seda, pelos quais os homens trocavam suas botas ao chegar em casa. Hoje é usado pelos homens nas ruas do mundo inteiro como sapato.

O tênis casual é uma opção muito interessante para todas as situações informais do cotidiano masculino, com exceção da prática de atividades esportivas. É também chamado de sapatênis. A versão de cor branca, de couro ou de tecido, está na moda atualmente.

No entanto, com relação aos tênis, é preciso observar uma regra fundamental: tênis para atividades esportivas só podem ser usados para praticar esporte! Nada de sair à noite, passear no final de semana ou viajar com tênis de corrida!

35

CURIOSIDADE SOBRE O TERNO COM TÊNIS

O hábito de usar tênis com terno foi criado no Canadá e nada teve a ver com moda: muitos executivos recorreram aos tênis por conta do forte inverno no país, e, como uma "regra não escrita", passaram a adotá-los como parte de seu look. O que se perdeu em elegância ganhou-se em conforto. Entretanto, essa moda ainda está muito longe de pegar por aqui; por isso, nem tão cedo vamos abrir mão de nossos sapatos.

CUIDADOS COM SAPATOS

Os sapatos devem ser limpos a cada dez ou quinze dias, dependendo da intensidade do uso. Primeiro deve-se passar um pano seco em sua superfície, para remover a poeira, e depois aplicar um creme hidratante específico. Ao contrário da crença tradicional, a graxa só deve ser usada a cada seis meses, pois ela resseca em vez de hidratar o couro. Jamais guarde os sapatos sujos ou empilhados!

Recomendo a todos os meus clientes utilizar formas de sapatos **36**, sempre de madeira. Após o uso, deve-se colocar uma forma dentro do calçado. Com seu auxílio, o couro volta ao formato original. Além disso, a madeira absorve a umidade acumulada durante o uso. Nesse particular, é importante lembrar que nossos pés podem chegar a 40 °C dentro do sapato.

36

A história da moda relata que os blazers não tinham botão no punho – Napoleão Bonaparte os criou porque, quando seus soldados ficavam gripados na guerra, limpavam o nariz no punho da vestimenta. Com a adição dos botões, eles não fizeram mais isso.

BOTÃO DO PUNHO DO BLAZER

BLAZER

O blazer, quando bem-cortado e feito de um bom tecido, traz um grande diferencial ao visual do homem. Muitos confundem o paletó com o blazer, e, na verdade, eles são essencialmente iguais. O paletó é a parte de cima do terno – ou do costume –, que faz parte de um conjunto social com uma calça – e colete – do mesmo tecido; já o blazer é uma peça comprada separadamente, que possui maior variedade de cores, tecidos e padronagens.

Há essencialmente dois tipos de botões de manga em blazers: os costurados e os com casas verdadeiras. A maioria dos blazers industriais tem os botões costurados. Sua principal vantagem é que, quando aberta a casa do botão da manga, o homem passa uma imagem muito refinada. Ainda assim, sugiro sempre que se dê preferência a peças com caseado verdadeiro, que são mais elegantes.

Tradicionalmente, recomenda-se que o blazer fique na altura da falange do polegar, com o braço junto ao corpo, e nunca abaixo dessa marca. Para um visual mais moderno e ousado, pode-se usar um blazer um pouco mais curto. Isso ajuda a aumentar a perna e a diminuir o tronco.

O blazer xadrez e o quadriculado estão na moda. Eles combinam bastante com calça cinza, azul-marinho e até jeans.

O interessante do blazer é a sua característica de coringa no vestuário, por conta de sua neutralidade. Quando usado com uma camisa social, passa um ar mais formal. Com camisa polo, um ar esportivo. Com uma camiseta por baixo, transmite um ar informal. Assim, é uma peça de roupa ideal para sair à noite, nas mais diversas ocasiões (bar, balada, jantar romântico ou cinema). Versátil, um bom blazer permite, inclusive, o uso com a gola levantada, em dias frios.

Para ocasiões mais informais, temos o blazer de sarja e o de couro. O blazer de sarja combina bem com camiseta e calça jeans, sendo perfeito para a noite, e pode ser usado tanto em dias quentes quanto frios. Há um mito de que o couro é uma peça de inverno, o que não é verdade. Um bom blazer de couro, sem forro, pode ser usado em qualquer momento do ano. Uma novidade recente são os blazers de malha, que podem ser estampados e lisos. São superinformais e uma boa pedida como diferencial de estilo em nosso país tropical.

AGASALHO

Muitos homens pensam que o cardigã é uma roupa para os mais velhos. Ledo engano: o agasalho de lã, com botões na parte da frente, é uma das peças-coringa mais interessantes do guarda-roupa masculino. Um homem precavido sempre deve ter um cardigã à mão, pois ele pode ser útil com viradas do tempo inesperadas e combina tanto com terno e gravata (em dias mais frios) quanto com calça jeans.

Suéteres são um pouco menos sociais, mas igualmente úteis para encarar dias frios. Recomendo dar preferência àqueles com gola V, pois têm um caimento mais bonito no corpo do homem – quanto mais linhas retas, melhor.

Jaquetas têm um uso muito específico. As de nylon devem ser usadas somente para atividades esportivas ou situações absolutamente informais em dias chuvosos, e as de jeans ou de couro podem compor bem o visual para sair à noite. Para um look mais refinado, opte por jaquetas de botão no lugar do zíper, a menos que seu objetivo seja um visual mais esportivo.

Hoje está muito na moda o trench coat, um tipo de sobretudo inspirado nos casacos militares da Segunda Guerra Mundial, caracterizado por ser acinturado e impermeável (excelente para dias chuvosos). A responsável pela revitalização e repaginação dessa peça foi a Burberry – entretanto, seus preços são muito salgados para a maioria das pessoas.

RELÓGIO

Segundo acessório mais importante do guarda-roupa do homem, o relógio está para o homem como a bolsa está para a mulher. O vestuário masculino é discreto por natureza, e um relógio bacana, além de ser um símbolo de *status*, funciona automaticamente como um ponto focal, marcando o visual do homem, por isso acredito que ele deva chamar atenção, com a caixa grande. O look de um bom profissional não está completo sem um belo relógio.

Há muito abandonou-se o costume de utilizar o relógio no braço esquerdo; hoje, tanto faz, isso varia de acordo com o gosto pessoal de cada homem, conforme o que ele achar mais interessante e mais prático. Como vivemos em um país que, infelizmente, ainda é marcado pelo excesso de violência nas cidades grandes, recomendo que o relógio seja portado no braço direito. Assim, ele fica mais afastado da janela do motorista, chamando menos a atenção de quem está do lado de fora.

A escolha do lado do relógio é importante na hora de comprar camisas. Dependendo do braço que você use, o camiseiro ou o alfaiate deixará uma folga para que o relógio fique bem acomodado, e não apertado na manga.

Para quem tem o costume de usar pulseira, recomendo que ela seja usada no mesmo braço do relógio, a não ser no caso de homens que usam muitas pulseiras, que podem dividi-las nos dois braços.

Um bom relógio pode ter pulseira tanto de metal quanto de couro. Para acompanhar o terno e gravata do dia a dia corporativo, recomenda-se um relógio com a caixa baixa, mais discreta, e pulseira de couro marrom ou preta – a cor fica a gosto de quem usa, não precisando combinar com o sapato. Fora do ambiente de trabalho, você pode lançar mão de relógios com a caixa alta e mais chamativos, que transmitem uma impressão de poder e masculinidade.

Na Europa, está se usando relógio de couro com pulseiras coloridas. Ainda que a moda chegue ao Brasil e você considere o modelo interessante, essas peças não devem ser utilizadas em ambiente corporativo.

Independentemente da ocasião, o importante é que o relógio acompanhe o homem em todos os momentos do dia em que ele estiver fora de casa.

ÓCULOS

Os óculos atuam como um cartão de visitas e são um acessório superbacana, marcando a aparência. Principalmente no caso das pessoas que precisam de lentes de grau, eles são imprescindíveis dia e noite, no trabalho e em momentos de lazer, sendo, portanto, fundamental que harmonizem bem com o formato do rosto e com a personalidade de quem os usa. No caso dos óculos de sol, eles ainda devem se adequar ao contexto – por exemplo, nada de usar óculos esportivos com terno e gravata!

Ao comprar um par de óculos, respeite as linhas do seu rosto. Observe as recomendações de uso conforme os seus traços, procure a opinião de especialistas, mas jamais se renda às regras. Elas são ferramentas, não obrigações que devem ser sempre obedecidas.

É importante também que os óculos sejam proporcionais ao tamanho do rosto. Uma dica para saber se os óculos "se encaixam" bem no rosto é observar a posição da parte superior da armação em relação à sobrancelha. A armação deve se sobrepor à sobrancelha, não ficando nem acima dela, nem abaixo.

Como qualquer peça de vestimenta, é bom ter à disposição opções diferentes para se adequar a cada momento – sempre lembrando que, para quem usa terno, os óculos escuros devem ser discretos e portáteis, de maneira que não façam volume ao serem guardados no bolso. Uma armação mais ousada, em uma cor chamativa, é interessante para adotar em algumas ocasiões, até mesmo no ambiente de trabalho, mas utilizá-la todo dia acaba sendo monótono e repetitivo.

Atualmente, após alguns anos em baixa, as armações de acetato voltaram à moda, substituindo as discretas armações e meias-armações de metal. O casco de tartaruga, a mais clássica das armações de acetato, aparece tanto nos óculos de grau quanto nos de sol. As tradicionais armações douradas nunca saem de moda, transmitindo requinte e elegância em qualquer ocasião. Outra opção que tem um charme todo especial são as de madeira (normalmente feitas de bambu, material que, além de flexível e duradouro, dá um toque ecológico). As armações que combinam acetato e madeira dão um toque de modernidade.

Os óculos também funcionam como um ponto focal no rosto, por isso dou sempre uma dica aos meus clientes que não têm problema de visão: tenha um par de óculos pretos, um pouco maiores, sem grau. Eles são muito úteis para quem tem muitas reuniões de trabalho ou dá palestras. Os óculos atraem o olhar do interlocutor para o seu rosto, tendo papel importante na hora de assegurar que ele está prestando atenção no que você quer dizer.

Apesar da tentação de comprar tudo pela internet, recomendo muitíssimo que você adquira seus óculos em uma ótica. Na escolha deles, é necessário saber como a armação vai harmonizar com o formato do rosto, a posição dos óculos no rosto e a área que eles vão cobrir, e infelizmente só se pode ter noção exata disso provando cada armação.

CINTO

A regra é simples: o cinto deve sempre combinar com o sapato – sapato marrom, cinto marrom; sapato preto, cinto preto. A cor do metal da fivela – dourada ou prateada – depende do gosto do homem que a usa, mas é fundamental que ela combine com a cor da caixa do relógio, da armação dos óculos e da abotoadura, quando estas forem de metal.

BOLSAS E PASTAS

Muitos homens têm preconceito com a palavra "bolsa", acreditando que se trata de um acessório exclusivamente feminino, e entulham os bolsos da calça e do paletó com carteira, celular, chaves de casa e do carro, um pequeno bloco de anotações, canetas... Acabam com os bolsos lotados de coisas, o que não só fica feio visualmente como é desconfortável e pouco prático – toca o celular, e é aquele vexame para resgatar o telefone entre tantos outros objetos.

Por isso, é interessante usar uma pasta ou uma bolsa masculina tanto para desafogar os bolsos quanto para ter sempre à mão tudo que é essencial no dia a dia.

TIPOS DE BOLSA

Backpack **37**: espécie de mochila que pode ser usada nas costas ou carregada na mão por alças específicas para essa função. É uma bolsa com um perfil mais jovem e urbano. Sua praticidade e segurança a tornam a melhor opção para o homem que utiliza o transporte urbano no dia a dia, por exemplo. No bolso grande cabe um agasalho, um laptop ou um tênis, o que também torna a backpack ideal para alguém que frequenta a academia ou vai à faculdade.

Briefcase **38**: é uma bolsa tipo pasta com desenho mais tradicional, sendo a escolha dos profissionais de terno e gravata. Seu formato retangular com divisórias é o ideal para carregar papéis e computadores, com compartimentos específicos para celular, tablet, chaves, carteira e o cartão profissional. Por seu perfil mais sério, é preferível escolher cores sóbrias e bem escuras, como o preto, o marrom-café ou o azul-marinho.

Touch **39**: por não possuir divisórias internas (apenas um bolso interno lateral para guardar chaves ou celular), essa é uma bolsa ideal para o homem que precisa trocar de roupa em seu dia a dia, por causa da academia ou de alguma outra atividade. Espaçosa, também pode ser usada para uma pequena viagem de fim de semana. Por ser uma bolsa versátil, há mais variedade de cores, inclusive tons claros.

Satchel **40**: são pastas e bolsas de formato retangular que têm como principal característica sua alça longa. Podem possuir um formato mais similar ao briefcase, com muitas divisórias, ou o simples e funcional formato de bolsa de carteiro. Sua alça possibilita que seja usada tanto sobre um ombro quanto transversalmente.

As bolsas masculinas podem ser tanto de couro quanto de canvas, tecido grosso à base de algodão e poliéster, que é considerado mais moderno (por possuir mais opções de cores e estampa) e durável – além de resistente, não demanda os mesmos cuidados que o couro.

37

39

38

40

CALÇAS-ESPORTE

As calças jeans continuam sendo a opção mais versátil para uso fora do ambiente de trabalho. Vale lembrar que, para um visual mais elegante, a calça jeans sempre deve ser escura – calças jeans claras só podem ser usadas em situações muito casuais.

Uma alternativa para nunca errar no visual e sempre estar bem vestido são as calças de sarja ou jeans com corte de alfaiataria, o que nada mais é do que uma calça-esporte com corte de calça social. Sempre recomendo aos meus clientes que tenham ao menos uma calça jeans com corte de alfaiataria, pois ela pode ser usada em qualquer lugar: vai bem com uma camiseta e um tênis para ocasiões casuais ou com um blazer e sapato para situações sociais.

ACESSÓRIOS CASUAIS

Acessório é tudo aquilo que não é roupa: sapatos, tênis, chinelos, cintos, chapéus, bonés, pulseiras, colares, carteiras e relógios. A partir da combinação básica de jeans e camiseta branca, você pode alcançar inúmeros resultados para diferentes circunstâncias informais.

Após um período em baixa, os colares voltaram à moda. Eles vão bem tanto para pessoas com visual praiano quanto urbano. Para quem é de praia, a preferência deve ser por materiais orgânicos e um cordão mais grosso, podendo ser colorido. Para os da cidade, um colar em couro preto ou metal, mais fino, com um pingente, dá conta do recado.

As pulseiras nunca estiveram tanto em alta quanto agora, e não há excesso: quanto mais, melhor. A tendência é combinar pulseiras de estilos diferentes, materiais, cores e padronagens variadas. Pessoas descoladas podem continuar a usar pulseiras mesmo de terno e combiná-las com o uso do relógio.

Mais do que um acessório, bonés e chapéus também servem como proteção em nosso país ensolarado. A aba do chapéu sempre deve estar virada para baixo. Recentemente, influenciado pelo mundo do hip hop, os bonés de aba reta entraram na moda com toda a força.

MODA FITNESS

Na hora de se exercitar, mais do que estilo, o fundamental é buscar conforto em uma roupa que permita boa ventilação do corpo, deixando que a transpiração evapore.

Tecidos tecnológicos impedem que o suor fique na pele. Recomendo camisetas e shorts na cor preta, por sua discrição e por não haver erro, sendo bom para pessoas que não querem chamar atenção para o seu corpo.

Um short acima do joelho é bom para alongar a perna, e detalhes horizontais na manga da camiseta ajudam a dar destaque para o bíceps.

A camiseta sem manga, tipo machão, é recomendável para homens que estão fazendo musculação, em especial para aqueles que realizam trabalho de ganho de massa nos braços. Mas, por favor, use a regata apenas na academia! Ela não é opção para o churrasco do fim de semana.

Homens muito magros ou com ombro estreito devem evitar as camisetas raglan. Seu desenho triangular na parte do peito e o destaque para os ombros e mangas só são recomendados para homens fortes ou de ombros largos.

Camisetas em gola V são indicadas para homens que querem parecer mais altos ou têm o pescoço muito largo ou curto.

Bermudas de praia (de velcro ou botão) não devem ser usadas na academia. Dê preferência a bermudas e shorts com elástico na cintura, pois eles possibilitam uma melhor mobilidade ao se ajustar aos movimentos do corpo. Verifique também se seu short possui bolsos em locais confortáveis. Isso é importante para pessoas que moram perto da academia e não querem levar bolsas ou para pessoas que correm na rua.

A meia longa esticada para cima dá uma achatada no visual. Se sua intenção é parecer mais alto, recomendo meias curtas ou meias que não aparecem fora do tênis.

Tênis coloridos, além de estarem na moda, são bons para desviar a atenção do seu corpo para os pés, sendo uma opção para homens tímidos.

Alguns homens não querem mostrar as pernas na academia e optam por usar calça comprida em tecido próprio para esporte ou moletom. Recomendo evitar o moletom, porque, além de ser mais quente e muitas vezes ficar amarrotado na parte de baixo, não costuma ter zíper na lateral, que é comum às outras calças para esporte e possibilita acomodá-las melhor com o tênis.

COMPRAS INTELIGENTES – MONTANDO UM GUARDA-ROUPA COM PEÇAS ESSENCIAIS

Dinheiro não traz felicidade, mas facilita muito as coisas. A realidade da maioria dos homens, porém, é mesmo a de um orçamento limitado; por isso, é importante selecionar com inteligência as peças que vão compor o seu novo guarda-roupa. É possível se vestir bem com pouco dinheiro, acredite!

Quando começo a trabalhar com um cliente, após a primeira conversa vou conhecer o que ele já tem de roupa no armário, promovendo uma "limpa" e listando o que ele vai precisar comprar, de acordo com sua realidade financeira. Em seguida, faço, sozinho, uma pesquisa em várias lojas, pré-selecionando itens que acredito que combinem com a imagem e a marca desse cliente. Dessa forma, otimizamos o tempo gasto com as compras, permitindo que ele faça suas escolhas a partir de um universo de opções já filtradas pelo consultor.

A maioria dos homens que procuram a consultoria de imagem está com preocupações no ambiente de trabalho. As roupas para o escritório, então, acabam sendo a prioridade orçamentária. Além de pensar no que fica bem dentro do seu estilo, você precisa entender o DNA da empresa para guiar suas compras, respeitando esses dois parâmetros.

Independentemente da marca, da loja e do estilo, há escolhas certeiras para garantir o melhor uso da sua verba. Veja como otimizar os seus recursos com peças atemporais, que continuam sendo usadas apesar das mudanças da moda:

- Jeans: escolha o mais escuro e liso. Ele é mais versátil, sendo adequado tanto para o ambiente de trabalho como para momentos de lazer. O claro só deve ser usado em ocasiões informais, como fins de semana. Os modelos rasgados não podem ser usados em qualquer ocasião e não devem ser priorizados.
- Camisa: a branca e lisa é um grande coringa e, ao contrário da estampada, que é mais marcante, pode ser usada diversas vezes sem dar a sensação de repetição.
- Sapato: o marrom combina com quase tudo e deve ser usado com meia lisa.
- Cachecol: cinza ou marinho.
- Terno: azul-marinho, o mais versátil.
- Gravata: escura, que pode ser usada tanto no trabalho quanto em uma recepção de casamento. Pode ser listrada em tons como vinho, azul-marinho e cinza.
- Bermuda: lisa, para viagem de fim de semana.
- Camiseta: gola V branca, que pode ser usada durante o dia ou à noite, com calça e blazer.
- Tênis para férias e fim de semana: casual marrom, de couro, e casual branco, de tecido, que vão bem em qualquer ambiente (mas que não servem para a prática de esportes).
- Relógio: com pulseira de couro, que transita bem em qualquer ambiente.
- Pijama: não custa muito abandonar as camisas velhas e as cuecas sem elástico para dormir com conforto.
- Underwear: a escolha aqui é muito pessoal, mas sugiro ater-se às cores básicas; recomendo sempre as brancas.

PONTO FOCAL

Destacar uma peça mais ousada ou chamativa, equilibrando o resto do visual com maior discrição, é o conceito do que chamamos de ponto focal – um item que se destaca (como um cachecol, um lenço no pescoço, um lenço no paletó, um cadarço colorido, etc.) e permite que o look se complete com uma abordagem menos, digamos, audaciosa. Use o ponto focal na parte do corpo sobre a qual você quer chamar a atenção; a parte de que mais gosta e que deseja valorizar.

As mulheres costumam ter mais facilidade com isso, já que usam mais joias e capricham nos outros acessórios. Mas acho importante que nós, homens, nos eduquemos cada vez mais com as possibilidades de nos destacar pelo detalhe escolhido quase que cientificamente. Mas não se preocupe, essa receita é fácil e extremamente prazerosa.

No caso masculino, é interessante nos concentrarmos em apenas um ponto focal. Ele pode ser uma gravata um pouco mais chamativa em um look discreto, um cachecol, uma meia estampada ou lisa de cor forte ou mesmo um bermudão colorido em um momento de lazer. Nada de camisa amarela com sapato pink! Todos podem usar esse recurso, independentemente de seu estilo. Mesmo um homem mais tradicional, que prefira evitar peças que considere extravagantes, pode dar destaque a um item mais elegante, como um relógio maior ou um par de óculos. Em outro extremo, alguém de férias na praia, mesmo com look 100% informal, deve estar atento ao equilibrar o item mais chamativo, como uma bermuda muito estampada, com outros mais sóbrios, como uma camisa lisa e um chinelo mais discreto.

O ponto focal pode ser um aliado ao chamar a atenção para algo que você queira valorizar ou ao desviar a atenção de uma parte que prefira disfarçar. Quem está acima do peso se beneficia do conceito caprichando, por exemplo, no sapato, redirecionando os olhares da barriga para os pés. Já no caso de um tórax forte e bem trabalhado, uma camiseta de gola V e cor forte pode ser uma bela moldura, ressaltando o peitoral bem trabalhado – lembrando, é claro, de baixar o tom da calça e dos acessórios.

Uma situação em que o ponto focal pode e deve ser aproveitado na vida profissional é na condução de palestras ou qualquer outro tipo de interação com o público que demande a atenção para o que você está falando. A pessoa que está num palco, em um púlpito ou em uma sala de reunião quer que o foco de atenção seja o seu rosto. Nesse caso, a melhor opção é escolher calça e sapatos discretos, da mesma cor, e investir em uma gravata colorida ou em um par de óculos de tartaruga. Os óculos também são excelentes aliados em uma reunião e, especialmente, em entrevistas de emprego. Eles dão seriedade e funcionam como ponto focal. Já recomendei a clientes meus que usassem óculos mesmo sem problemas de visão, com lentes sem grau, apenas para manter a atenção do interlocutor. Em reuniões com recrutadores de RH, uma roupa muito chamativa desvia o foco e prejudica sua exposição de currículo e qualidades profissionais. O ideal é usar uma camisa lisa, paletó cinza ou marinho e esses óculos bacanas – apenas tenha cuidado para não escolher um modelo muito *nerd*!

Uma ótima forma de entender se o look escolhido está ou não equilibrado é seguir a regra dos pontos, que é bem simples: avalie cada peça do seu vestuário (incluindo acessórios) em uma escala numérica, e não saia de casa se o total do conjunto passar dos 10 pontos. Veja como essa pontuação funciona na prática:

- ➜ Camisa muito estampada: 3 pontos.
- ➜ Calça de cor forte: 3 pontos.
- ➜ Sapato: 1 ponto.
- ➜ Relógio gigante: 1 ponto.
- ➜ Cinto liso: 1 ponto.
- ➜ Camisa floral: 3 pontos.
- ➜ Camisa listrada: 2 pontos.
- ➜ Camisa quadriculada: 2 pontos.
- ➜ Camisa xadrez: 2 pontos.

- ➜ Camisa lisa: 1 ponto.
- ➜ Peça lisa de cor clássica (bege, preta ou branca): 1 ponto.
- ➜ Peça lisa de cor forte (vermelho, roxo, etc.): pequena – 2 pontos; grande – 3 pontos.
- ➜ Camisa estampada de manga curta: 3 pontos.
- ➜ Camisa estampada de manga comprida: 4 pontos.

Um look de calça, camisa e docksider pretos, por exemplo, soma apenas 3 pontos. O crédito de 7 pontos dá margem a uma peça mais ousada (por exemplo, uma gravata colorida).

CAPSULE WARDROBE

Este é um conceito que resume – literalmente – a escolha inteligente de peças. O guarda-roupa em cápsula, em uma tradução simples, é aquela seleção de peças essenciais que, intercambiadas, oferecem opções variadas com um número limitado de itens. Ou seja, fazendo as compras certas para o seu tipo físico, estilo e intenções, você pode construir um belo acervo, bastante versátil e economicamente viável. É o que permite, por exemplo, preparar melhor uma mala de viagem, situação em que menos é mais: poucas peças bem escolhidas que combinam entre si e não ocupam tanto espaço.

Essa expressão foi criada no início da década de 1980 por Susie Faux, dona da butique londrina Wardrobe, no West End da capital inglesa, mas foi Donna Karan que popularizou mundialmente o conceito: em 1985, lançou a coleção *7 Easy Pieces*, dedicada à *working woman* que tomava o mercado de trabalho nos Estados Unidos, com seus *power suits* e uma atitude ao mesmo tempo prática e determinada, sem perder o estilo.

Com pequenas variações ligadas à temperatura das cidades pelas quais o homem mais circula, o capsule wardrobe masculino deve incluir, pelo menos:

- Um bom terno, se possível bespoke 41 (sob medida). Essa é uma peça bem cara, mas, se estiver dentro das possibilidades, é um investimento para a vida toda.
- Um par de jeans de qualidade em cor escura 42.
- Camisa social 43 – branca ou azul – bem-cortada e com entretela no colarinho (grosso).
- Camisa social em xadrez miúdo 44, listrado pequeno ou com padronagem clássica.
- Calça cáqui, cinza ou azul-marinho 45.
- Bermuda 46 47.
- Camisetas 48: neste item, a qualidade é fundamental; vale investir em peças mais caras e modelagem slim: nem muito larga, nem justa demais.
- Suéter 49: em cores clássicas, a gola V é a melhor opção. Se tiver condições de adquirir um suéter em cashmere, esse também será um ótimo investimento.
- Casaco 50, dependendo da temperatura de sua cidade e de locais que você visita com frequência.
- Blazer 51: azul-marinho é o mais importante.
- Gravatas 52 53.
- Sapato social de qualidade 54.
- Bons pares de meias (preta ou marrom) 55.

41

42

43

44

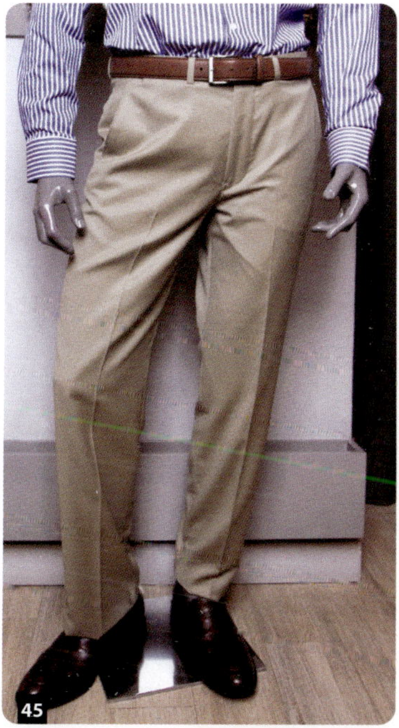
45

46

47

48

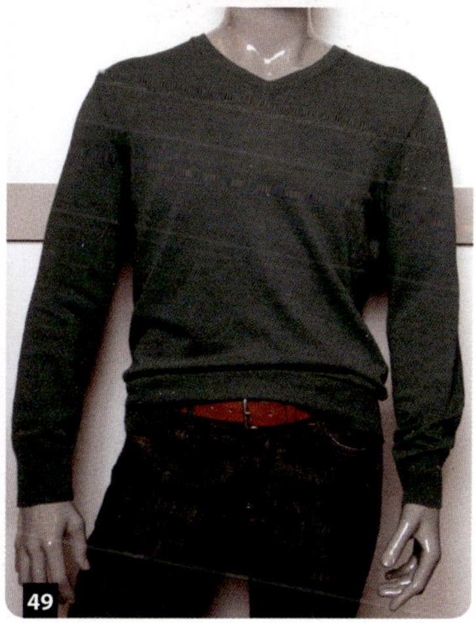
49

50

51

52

53

54

55

Além dessas, há ótimas opções que merecem figurar em um mais que honroso segundo lugar. São peças que, mesmo não sendo prioritárias, fazem toda a diferença e são dignas de um lugar especial no seu armário, se estiverem dentro de sua realidade orçamentária. São elas:

- Sapato social de amarrar ou mocassim **56**, por exemplo, que é versátil e pode ser usado com jeans ou calça de sarja.
- Meias estampadas **57**.
- Calça risca de giz **58** ou com estampa militar.
- Blazer com cotoveleira **59**.
- Camisa com estampa miúda, como a de *pois* (bolinhas) **60**, que é superchique.
- Camisa jeans **61**.
- Cachecol **62**: além de aquecer, ele é um acessório que pode funcionar como ponto focal, se tiver uma cor como o vermelho, que fica ótimo com um terno cinza, por exemplo.
- Cintos **63**: de cadarço, com fivelas maiores, couro mais rústico ou estampado tipo manchado.
- Cardigã **64**: vinho, verde-escuro, cinza e azul-marinho são as versões mais *cool* e chiques. Injustamente considerado roupa de velho, o cardigã é superfashion quando é mais justo e de tecido fino.

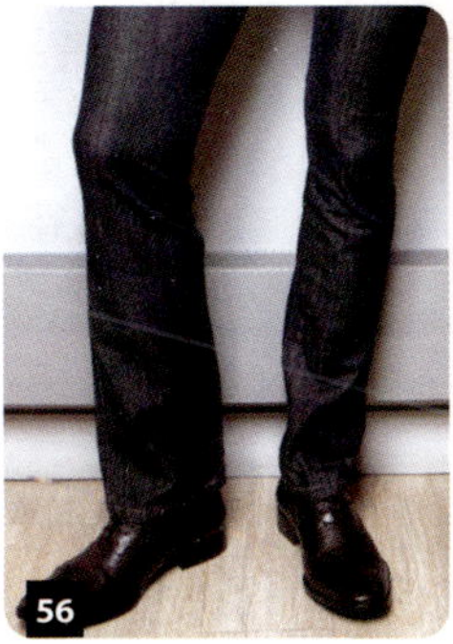
56

57

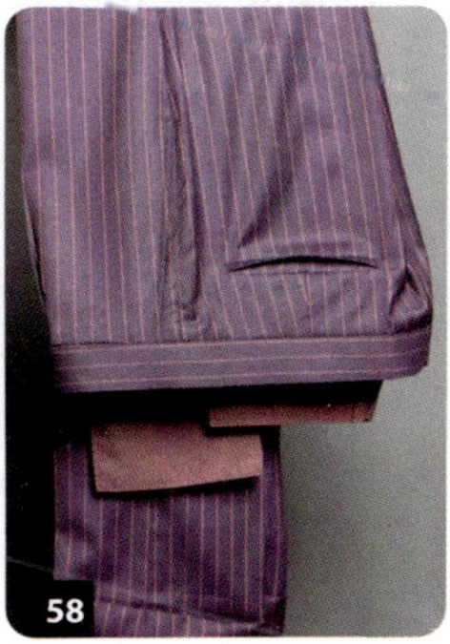
58

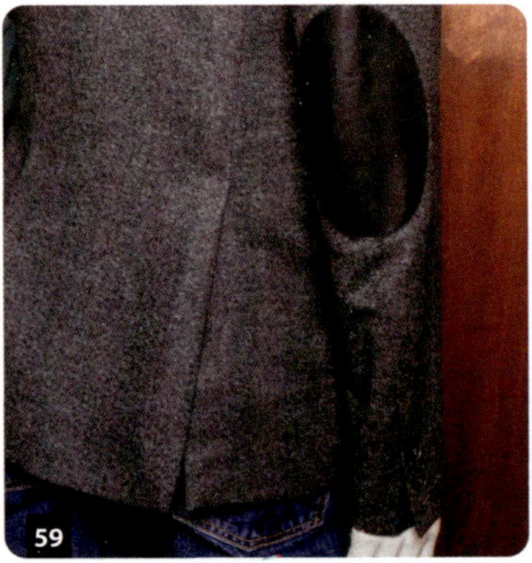

59

60

61

63

62

64

MALAS PARA VIAGEM PROFISSIONAL

Viagens de trabalho são uma constante na vida de muitos homens, e um bom profissional deve estar sempre preparado para viajar para uma reunião ou um congresso. Quando viaja a negócios, você tem a oportunidade de encontrar pessoas com quem muitas vezes lida no dia a dia por telefone ou *e-mail*, mas que raramente vê pessoalmente. Portanto, a preocupação com a aparência deve ser redobrada, não apenas no que diz respeito à apresentação, mas também quanto a ter à mão um guarda-roupa funcional, sem que isso signifique grande volume de malas.

Para profissionais liberais, viagens são uma oportunidade de ampliar seu leque de clientes em uma nova cidade (aliás, vale lembrar que a melhor propaganda, em negócios, continua sendo o boca a boca; por isso, um cliente satisfeito e impressionado é o seu melhor cartão de visita). Para pessoas que viajam por conta da empresa, é importante ressaltar alguns aspectos: você está representando a sua companhia; logo, é fundamental não só o cuidado com a aparência, mas também com as tentações de estar em outra cidade. A rotina de trabalho em uma viagem de negócios em nada difere do trabalho no escritório; portanto, você deve zelar pelo respeito a horários e encarar seu dia longe de casa com a mesma naturalidade de um dia na empresa. Em viagens de quatro ou mais dias, é comum o funcionário ser liberado por um período, mas sempre convém consultar seu chefe ou o departamento de RH sobre seus planos de tirar um ou dois dias de folga (eles certamente vão entender).

Dito isso, vamos para as dicas de como montar uma mala para dois, quatro ou sete dias (no último caso, com quatro dias de trabalho e três dias livres).

PARA DOIS DIAS

- ➜ Somente uma calça.
- ➜ Duas camisas sociais diferentes.
- ➜ Dois pares de meias.

- Duas cuecas.
- Um pijama.
- Uma pasta (bolsa) de trabalho.
- Sempre se deve deixar a camisa abotoada (para maior praticidade, basta abotoar botões alternados).
- Para evitar que amarrotem, deve-se guardar uma camisa sobre a outra, perfeitamente alinhadas, e dobrá-las juntas.
- Uma camisa polo, que serve para todo tipo de evento casual sem abrir mão do estilo. Camisas polo ou camisetas devem ser enroladas, o que evita que elas amassem.
- É importante ter um porta-sapatos **65**, para evitar que eles sujem as roupas. Recomendo também, se possível, preservar os calçados, colocando dentro deles uma forma de sapato ou meias enroladas.
- Nécessaire **66** com todos os itens de higiene pessoal diária: xampu, sabonete, hidratante, desodorante, escova e pasta de dentes.
- Por último, e não menos importante: um saco para roupa suja, para a volta.

65

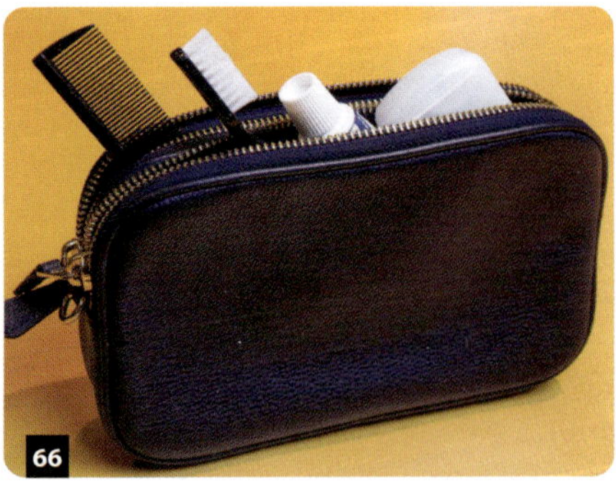
66

PARA QUATRO DIAS

Como na viagem de dois dias, também não é fundamental levar mais do que uma calça: a variação na aparência virá das camisas diferentes. As camisas, mais uma vez, devem ser colocadas uma sobre a outra antes de serem dobradas juntas. Recomendo viajar com dois pares de sapatos. O terno deve ser colocado do avesso antes de ser dobrado; isso evita que ele se amarrote muito.

PARA UMA SEMANA

Penso nesta mala considerando-a para uma viagem com momento de lazer; por exemplo, para quatro dias de trabalho e três dias de descanso.

Além das peças apontadas no item anterior, para quatro dias, recomendo também:

- ➜ Uma calça jeans de tom escuro para os três dias de lazer.
- ➜ Shorts para alguma atividade esportiva.
- ➜ Três camisetas ou camisas polo, também para os momentos fora do trabalho.
- ➜ Dois suéteres, para se prevenir, caso haja mudanças de clima.
- ➜ Dois sapatos para trabalho e um outro mais esportivo, que pode ser usado sem meia.

Antes de fechar a mala, não se esqueça de ajustar e prender a faixa elástica interna: ela é importante para assegurar que as roupas não sairão do lugar, evitando que se amarrotem.

FESTAS E EVENTOS

Não é raro sairmos direto do trabalho para um cinema, um jantar ou mesmo um *happy hour* com os amigos. Nesses eventos menos formais, é fácil acrescentar (ou tirar) uma ou outra peça à vestimenta do escritório, especialmente se você seguir as minhas dicas de compras e combinações.

Um blazer, por exemplo, valoriza um look simples de jeans e camiseta. Se o dress code da empresa inclui terno, você pode trocar o paletó e a gravata por uma malha por cima da camisa social. Outro recurso que muda o efeito do combo calça e camisa social é um colete, jeans ou de outro material – essa combinação fica ótima, e você vai passar a imagem de um homem atualizado e prático. A camisa também pode ser substituída por uma polo.

Muitos de meus clientes são homens na faixa dos 40-50 anos, recém-separados, retomando o hábito da vida noturna. O figurino mais indicado para esse perfil, que geralmente quer recuperar um ar mais jovem sem ficar com cara de "tiozão", é uma camisa social lisa, ajustada ao corpo sem ser justa, e uma calça com corte de alfaiataria. Nada muito largo, tudo bem cortado.

O QUE VESTIR EM UMA FESTA?

Você passou a sua vida inteira recebendo convites mencionando "esporte fino", "passeio completo", "a rigor", mas pode confessar: nunca se deu ao trabalho de entender cada uma dessas nomenclaturas, o que fez com que, certas vezes, você aparecesse de gravata em uma festa em que os outros vestiam camisa polo ou cogitasse ir de tênis a um evento com pessoas de blazer. Bem, nunca é tarde para aprender: veja um breve resumo dos diferentes tipos de traje de festa.

Traje esporte

Calças de sarja ou gabardine com camisa ou polo. Sapatos mais informais, como docksider ou mocassim 67.

Traje passeio, passeio informal, tenue de ville, esporte fino

Não há necessidade de costume – pode usá-lo, se quiser, mas sem gravata 68.

Passeio completo, passeio formal, traje social, social completo

Terno completo com gravata, camisa clara e lisa, gravata escura 69.

Black-tie, rigor, habillé, tenue de soirée

Smoking. Se utilizar gravata-borboleta, ela deve ser da cor do smoking 70 – se ele for preto, gravata preta; para homens mais ousados, também pode-se combinar smoking azul-marinho com gravata da mesma cor.

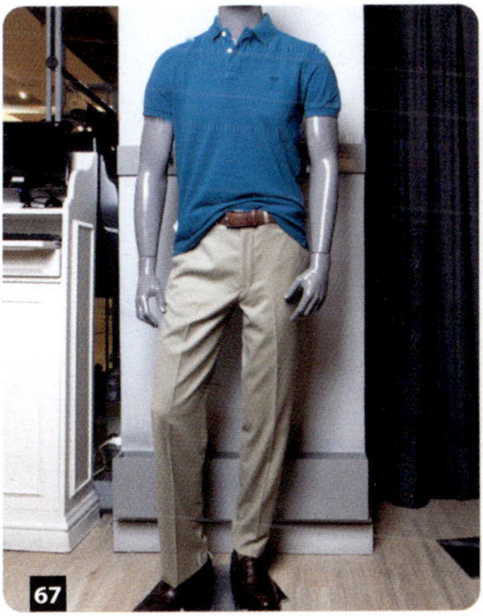
67

68

Muitos dos meus clientes pedem ajuda quando recebem convites com nomenclaturas totalmente diferentes e, às vezes, até novas. Nesse caso, aconselho entrar em contato com o dono da festa e perguntar qual é o dress code.

Certa vez, um cliente ia se casar na praia e não sabia como informar os convidados sobre o traje. Sugeri que ele colocasse no convite o descritivo do dress code: homens de costume de linho *off-white*/bege com chinelo no pé e mulheres de vestidinhos de alça *off-white*/bege e rasteirinhas. A festa era "pé na areia", e os noivos queriam esse clima informal. Mesmo fora do padrão convencional, o fato de deixar claro o dress code da celebração facilitou a vida dos convidados.

CASAMENTO

Um dos dias mais importantes da vida de um homem demanda cuidados especiais com a aparência. O traje do noivo deve ser escolhido de acordo com sua personalidade e suas características físicas, devendo ser comprado com pelo menos três meses de antecedência. Tecido de qualidade, bom caimento, corte perfeito, bainha bem-feita, ombro certo... Tudo isso demanda tempo para ajustar, e, às vésperas de um casamento, três meses passam voando!

Também é preciso levar em conta o horário da celebração e o nível de formalidade que ela terá: se vai ser mais pomposa ou descolada, se vai acontecer de dia ou à noite, se vai haver cerimônia religiosa, se ocorrerá em uma casa de festas ou a céu aberto no campo. Tudo deve ser medido e levado em conta, afinal, o noivo é a maior estrela da festa, ao lado da noiva!

Cerimônia pela manhã

Costume cinza-claro, camisa branca, gravata cinza-clara e meias pretas. Sapato Oxford preto de amarrar.

Cerimônia à tarde – que termine no máximo às 18h

Terno ou costume cinza ou cinza-chumbo, camisa branca, gravata cinza-clara e meias pretas. Sapato Oxford preto de amarrar.

Cerimônia à noite

Opção 1: terno azul-marinho ou cinza-chumbo, camisa branca, gravata cinza--clara e meias pretas. Sapato Oxford preto de amarrar.

Opção 2 (em desuso, mas solicitada por alguns homens): meio fraque, colete cinza, camisa branca, gravata cinza-clara, calça risca de giz e meias pretas. Sapato Oxford preto de amarrar.

Opção 3 (em desuso): fraque, colete cinza, camisa branca, gravata cinza-clara, calça risca de giz e meias pretas. Sapato Oxford preto de amarrar.

A cor da gravata lembra um cinza-azulado, claro.

IMAGEM PESSOAL E MUNDO CORPORATIVO

O comportamento adequado no ambiente de trabalho é uma peça fundamental para o sucesso profissional. Em um mercado cada vez mais competitivo, muitas vezes é difícil fazer a seleção de um candidato apenas por seu currículo, de modo que é comum que um profissional com boas maneiras e cuidado com a aparência tenha maiores chances de ser contratado quando comparado a outros sem as mesmas qualidades.

A falta de tato em âmbito profissional pode implicar a perda de um negócio e, em última instância, comprometer o próprio emprego. No ambiente de trabalho, a pessoa deve prezar pela discrição, pois determinadas atitudes que podem ser consideradas naturais entre amigos, como brincadeiras ou comentários mordazes, podem causar constrangimentos e até ofender colegas – e aí pouco importa se eles estão hierarquicamente em posição superior ou inferior.

A postura correta não é um mero conjunto de regras que se pode decorar: é necessário estar em sintonia com a mentalidade da empresa, seus valores, suas regras e a conduta dos chefes. Pouco adianta vestir um terno bespoke para uma entrevista de emprego em uma empresa de tecnologia descolada como o Google, assim como não pegaria bem ir trabalhar com camiseta de banda em um banco de investimento. É necessário desenvolver uma série de habilidades e sensibilidade para saber como encarar cada situação.

CUIDADOS COM A APARÊNCIA E COM A ELEGÂNCIA

Para crescer na carreira e alcançar suas ambições, não basta ser bom: é preciso *querer ser bom*. E *parecer bom* também é um importante degrau rumo ao sucesso. A aparência pode ser decisiva, como já citei, na escolha entre dois candidatos a uma vaga. Afinal, mesmo fora do trabalho, cada funcionário ou executivo representa a companhia, e seu desleixo pode manchar a reputação da empresa.

O cuidado com a imagem, tão fundamental, não se restringe à atenção apenas com a aparência: é essencial também saber os princípios da empresa e das pessoas com quem você está lidando. Exemplifico com o caso de um de meus clientes. Jovem economista de carreira promissora, ele vinha se destacando no banco em que trabalhava até que sua chefia mudou. Ele, que se vestia de modo tradicional – e, é preciso admitir, cometia certas gafes de aparência, como usar ternos claros em número maior que o dele –, sentiu que estava perdendo espaço desde que um novo diretor, a quem se reportava, assumira o cargo, um cinquentão aficionado por esporte e que se vestia de modo mais sedutor. Ele não apenas estava perdendo espaço, como sendo colocado de lado em favor de outros colegas que se vestiam de modo mais moderno e que não eram tão qualificados quanto ele. Após um trabalho de consultoria comigo, repaginamos seu guarda-roupa, dando a ele um visual mais ousado. Meu cliente passou a ser notado pelo chefe e conseguiu fazer com que seu bom currículo e sua qualificação voltassem a falar mais alto.

É claro que não se deve pautar a vida somente na questão da aparência, mas é essencial saber expor ao mundo quem você é. A maneira de se vestir exerce influência direta no seu sucesso profissional. Usar roupas inadequadas pode fazer com que os outros se sintam pouco à vontade ao seu lado ou – pior!

– simplesmente fazer com que você seja ignorado. Para corrigir isso, não é necessário seguir as últimas tendências da moda, que podem inclusive não ser apropriadas para sua área de atuação ou empresa.

E, para além do bom senso de saber que roupas vão melhor com o ambiente em que se trabalha, com o perfil da empresa e quais vão combinar mais com colegas e chefes, é imprescindível ainda ter boas maneiras e asseio. Também é parte fundamental da etiqueta manter roupas limpas e bem passadas, estar sempre de cabelo cortado e barba feita – ou, para aqueles que usam barba, mantê-la sempre bem aparada e desenhada – e unhas bem cuidadas. Sempre!

DICAS BÁSICAS DE VESTIMENTA PARA O AMBIENTE CORPORATIVO

Muitas vezes compramos novos itens de vestimenta e acessórios e ficamos ansiosos para utilizá-los. Acontece que nem todo mundo sabe combinar diferentes peças de estilos variados. As modas vêm e vão, mas determinadas regras são eternas. Elas até podem ser adaptadas de acordo com o contexto e com o seu estilo, mas, sempre que você estiver em dúvida, confira as dicas a seguir para não errar. Para ousar e ser a exceção da regra, é necessário estar muito seguro de seu estilo.

No ambiente corporativo, indico o uso de terno cinza ou azul-marinho, acompanhado de sapato marrom, se você quiser passar uma imagem mais elegante, ou preto, se tiver um perfil mais tradicional. O cinto e o sapato devem ser sempre da mesma cor – fora do ambiente profissional, contudo, essa regra não precisa ser obrigatoriamente respeitada.

Comprar cintos de couro de boa qualidade vale a pena, ainda que seu custo seja bem mais alto do que o de couro sintético. É melhor ter poucos cintos bons do que uma variedade maior de cintos de pouca qualidade. Um cinto de couro sintético perde a boa aparência rapidamente, enquanto uma peça de couro de verdade dura por mais tempo, se for bem cuidada. É o típico caso do barato que sai caro: um cinto de couro de qualidade deve ser encarado como um investimento, que nunca vai deixá-lo na mão.

Na empresa, recomendo apenas o uso de cintos lisos e discretos, sem muitos detalhes, com fivela de metal. Falando em fivela, vale lembrar que os metais devem falar a mesma língua, ou seja, a fivela do cinto deve combinar com a caixa do relógio – e com a armação dos óculos, para quem usa as de metal: prateado com prateado, dourado com dourado. É essencial ter isso em mente na hora de comprar novos cintos, relógios e óculos.

Meias costumam ser um item negligenciado, mas o homem deve estar atento para cada detalhe, ainda que o detalhe não esteja muito em evidência. Meias de tecidos sintéticos estiveram muito na moda anos atrás, mas elas devem ser evitadas a todo custo, pois impedem a circulação de ar e a evaporação do suor, o que acaba propiciando a formação de maus odores. Dê preferência a meias de tecidos orgânicos, como o algodão ou mesmo a seda. As meias chamativas estão proibidas no ambiente corporativo, com raras exceções, restritas a empresas de mercado criativo. E a cor das meias também transmite mensagens: quando você usa a meia da cor do sapato, você passa uma imagem mais elegante. Quando você usa a meia da cor da calça, passa uma imagem mais tradicional.

Recentemente, prestei consultoria a um cliente que trabalha no mercado financeiro, em um cargo de chefia. Ele sempre teve o hábito de usar ternos largos e sapatos pretos. Fiz com que ele passasse a usar ternos e costumes azul-marinho e cinza-chumbo – com corte mais atualizado, rente ao corpo, e não mais largos – e trocasse os sapatos pretos pelos marrons-café, que combinam muito bem com essas cores de terno. Pouco tempo depois, ele entrou em contato para agradecer o *feedback* positivo que estava recebendo de clientes e funcionários, que não sabiam precisar o que havia mudado na sua aparência, mas notavam um toque a mais de classe e elegância. Como consequência indireta dessa mudança positiva na imagem, ele acabou conseguindo mais clientes. Esse é apenas um pequeno exemplo de como uma mudança positiva sutil pode acarretar grandes retornos profissionais em médio e longo prazo.

ERROS BÁSICOS DE ESTILO – E COMO EVITÁ-LOS

Por desatenção ou desconhecimento, muitos homens de negócios cometem uma série de erros muito recorrentes, que comprometem o modo como eles são vistos. Apresento aqui uma lista desses principais erros, na minha opinião – tenha-os em mente, contabilize quantos deles você comete no seu dia a dia e nunca mais os repita!

A maior gafe no ambiente corporativo é ser a única pessoa em uma reunião que não esteja usando terno e gravata. Seja por descuido, despreparo ou desatenção, quando isso ocorre, fica evidente a impressão de que você não pertence àquele grupo, e isso pode acarretar problemas na hora de interagir com os demais presentes.

E não se deve andar com o paletó jogado sobre os ombros, pois esse é um sinal de desleixo. Mesmo no escritório, deve-se manter o paletó vestido e a gravata bem-arrumada – nada de afrouxá-la! –, sem desabotoar o botão superior da camisa – afinal, nunca se sabe quando você terá de se apresentar. Muitos homens que são obrigados a trabalhar vestidos de paletó reclamam do calor e do incômodo de usar a gravata. Isso ocorre porque muitos negligenciam o que deveria ser um ponto fundamental na hora de comprar roupa: o conforto. Um terno ou costume de boa qualidade, de fios mais nobres (numeração mais alta), pode ser mais caro, mas, além de aparentar maior qualidade, é mais leve e permite uma melhor ventilação do corpo, fundamental em um país tropical como o nosso.

Quanto às gravatas, não é necessário que fiquem muito apertadas: deve-se ter cuidado na hora de comprar a camisa, de modo que a gola fique suficientemente confortável, e escolher um nó de gravata que não aperte muito.

Recomenda-se evitar ternos de cor clara, dando preferência aos já citados cinzas-escuros e azuis-marinhos. Não se deve usar terno bege no trabalho; essa tonalidade não é usada no Brasil em ambiente corporativo, mas, caso você more na Itália, pode usar. Se você gosta de ternos de cores claras, indico a escolha dos cinzas-claros, para usar somente durante o dia.

As camisas nunca devem ser escuras, muito pelo contrário: para usar com terno ou costume, a camisa deve ser da cor mais clara possível. Evite ainda os tecidos muito finos e transparentes, como voil e linho. Não recomendo o uso de camiseta por baixo da camisa, mas, se fizer questão dela, opte por um modelo bem cavado, para que ela não apareça. É mais indicado o uso e a compra de gravatas escuras – você pode usar claras de vez em quando, mas não sempre (falamos do que as cores representam nas páginas 47, 48 e 49).

Um paletó ou um blazer sempre pedem uma camisa de manga comprida. O punho deve ultrapassar a ponta da manga do paletó em cerca de um centímetro e meio, deixando cobertos as abotoaduras ou o botão do punho da camisa. Nunca use camisas de manga curta no ambiente corporativo ou social, mesmo que a camisa fique coberta pelo paletó – isso é sinal de desleixo. Devem-se evitar também camisas estampadas – exceção para camisas listradas ou xadrez, mas, ainda assim, a estampa tem de ser muito discreta, só devendo ser notada quando olhada de perto. E as camisas sociais coloridas com colarinho e punhos brancos devem ser banidas do ambiente corporativo!

Tive um cliente que costumava usar gravatas demasiadamente largas. Eram peças de qualidade, que haviam sido compradas no exterior e que ele tinha herdado do pai, o que gerava um certo apego. O formato delas, porém, dava a ele um visual muito antiquado, o que afetava sua imagem. Consegui convencê-lo a trocar as gravatas por modelos mais modernos e discretos, e ele pôde sentir imediatamente a mudança. Seus colegas notaram a diferença em seu visual, que passou a transmitir mais sintonia com os dias atuais, e seus clientes passaram a percebê-lo como alguém mais moderno, algo fundamental para despertar confiança no seu trabalho.

HIGIENE – REGRAS FUNDAMENTAIS DE CUIDADO COM O CORPO

Cinco mil anos de civilização e séculos trabalhando em escritórios não mudaram uma coisa no homem: continuamos sendo animais. Dessa forma, nosso corpo está sujeito às funções fisiológicas naturais, entre as quais se destaca a transpiração. Mas isso não significa que devemos ser reféns da nossa natureza.

O homem geralmente transpira mais do que a mulher, e o mau odor é causado por bactérias que temos por todo o nosso corpo. No Brasil, especialmente durante o verão, trabalhar de terno e gravata pode ser um desafio e uma verdadeira provação, mas há como contornar isso, e não há justificativa para "pizzas" debaixo dos braços ou mau odor dentro do escritório.

Além do uso de desodorantes modernos, cada vez mais eficientes e antitranspirantes – dê preferência àqueles sem fragrância, para não entrar em conflito com o perfume e não mascarar o mau cheiro –, podemos lançar mão de vários tratamentos que reduzem a transpiração de 60% a 99%. Evite produtos à base de álcool, que, apesar de serem eficientes no combate ao odor e às bactérias, fazem mal à pele, ressecando-a.

Em dias mais quentes, opte por roupas de tecidos naturais, como o algodão – fora do ambiente corporativo, adote o linho. Leve consigo lenços umedecidos para limpar as axilas quando necessário. Assim como as mulheres, os homens também devem tratar a pele, de modo que ela nunca pareça estar oleosa ou ressecada. E não se esqueça de usar o filtro solar – no futuro você vai agradecer o cuidado!

CUIDADOS PESSOAIS E HIGIENE NOTURNA

Você já ouviu falar de algum amigo ou parente que estava fazendo xixi de madrugada e caiu no chão? Essa situação é supernormal e corriqueira. O perigo é quebrar a coluna!

Pesquisadores da área médica afirmam que o homem, por possuir glândulas prostáticas, ao levantar-se de madrugada para ir ao banheiro, pode sentir tontura e desmaiar. Isso ocorre porque, conforme a posição do corpo, a pressão arterial varia, e é absolutamente necessário que a quantidade de sangue que chega ao cérebro leve oxigênio suficiente para que uma pessoa não sinta tonturas e desmaie.

Alguns autores, ao explicarem clinicamente o caso, afirmam que, quando estamos deitados, o cérebro está no mesmo nível do coração e, por isso, a tensão diminui e o coração bate mais devagar. Muitos de nós já ficaram com tontura ao se levantar de repente, pois, em breves segundos, a quantidade de sangue diminui no cérebro. Para corrigir essa situação, o coração tem de começar a bater mais depressa, os vasos sanguíneos e os músculos têm de se contrair para fazer subir a tensão arterial e restaurar ao normal a circulação cerebral.

Principalmente após os 40 anos, as glândulas prostáticas podem estar mais aumentadas, e então o homem tem de fazer mais esforço para urinar. Por isso, lembre-se: bateu vontade de ir ao banheiro de madrugada, sente-se no vaso.

GAFES CONTRA A ELEGÂNCIA

Além dos erros básicos de que falei anteriormente, há uma série de deslizes na aparência que podem pôr tudo a perder e devem ser evitados:

- Sair para trabalhar com roupas amassadas e sujas é inadmissível!
- Se sua roupa predileta está com um pequeno rasgo, mancha, um pouco esgarçada ou perdendo a cor, é hora de jogá-la fora. Ela não está em condições de ser apresentada (por mais que você a ame ou que ela lhe caia bem).
- Cuidado com fios soltos nas roupas e com pelos de animais. Você deve tomar especial cuidado se for dono de animais que soltam pelos, como gatos.
- Por mais que você precise carregar objetos e por maior que seja a tentação, evite andar com os bolsos cheios de celulares, chaves e carteira. Eles marcam as calças, arruinando seu visual. Para isso existem pastas e bolsas masculinas.

- A barra da calça deve estar feita, isto é, precisa ser devidamente costurada. Barra sem fazer passa a impressão de uma pessoa sem credibilidade. Não se pode andar com a barra grampeada ou colada com fita adesiva – sim, tem gente que faz isso!
- A gravata tem altura certa, nunca deve ser muito comprida e colocada para dentro da calça.
- Ainda que raramente fique à mostra, o solado dos sapatos deve estar sempre em boas condições. Homens são vistos pelos pés, seu cartão de visita.
- É proibido usar sapato sem estar de meia. Essa regra, ainda que esteja sendo cada vez mais abandonada fora do ambiente corporativo, é válida em escritórios mais formais.
- Acessórios estão em alta, mas brincos, piercings, excesso de pulseiras e colares são proibidos em ambiente profissional.

POSTURA E COMPORTAMENTO

Como a vida profissional seria mais fácil se houvesse um manual de instruções... Na falta dele, podemos adotar algumas condutas que podem garantir maior sucesso na hora de estabelecermos um contato profissional.

Minha *expertise* como consultor de imagem e profissional que está sempre em contato com outras pessoas me permitiu aprender uma série de hábitos que podem ser postos em prática no dia a dia profissional e que certamente causarão uma boa impressão.

CARTÕES DE VISITA – UMA ATITUDE DE IMPACTO

Mais do que uma mera formalidade ou um lembrete de contato, o cartão de visita é um item no qual um profissional investiu tempo e cuidado – na seleção do papel, da cor, da tipografia, do design, do formato. A troca de cartões de visita é o mais importante ritual de saudação no mundo dos negócios. Geralmente ela ocorre no início de uma reunião, em um momento em que as pessoas ainda não se conhecem bem. Quando se trata de um encontro informal, a troca é feita na despedida. Deixá-los à vista é uma boa prática. E nunca entregue o cartão enquanto estiver comendo, seja em um restaurante, seja em um coquetel.

Sempre recomendo aos meus clientes que dediquem alguns instantes para observar com cuidado o cartão recebido, lembrando-se de olhar os dois lados dele e de fazer algum comentário positivo – seja um elogio às cores ou à legibilidade, seja algum detalhe que torne aquele cartão único. Ao fazer um comentário positivo, você consegue conquistar metade da empatia do seu interlocutor, pois o cartão de visita reflete a identidade do homem.

Há alguns anos, fui sondado para prestar consultoria a uma pessoa com cargo executivo do meio jornalístico. O que poderia ser uma promissora oportunidade de trabalho acabou se transformando em um grande desapontamento. Fiz uma viagem apenas para realizar a reunião e, como manda a etiqueta, trocamos cartões. A pessoa nem ao menos se deu ao trabalho de olhar o cartão, jogando-o direto dentro de uma pasta. Permaneci por alguns instantes com o seu cartão na minha mão e comentei sobre a textura do papel utilizado, de modo que ficasse claro o meu descontentamento com o descaso. Fiquei em uma posição desconfortável e percebi que meu interlocutor prestava pouca atenção em mim, então a reunião rendeu pouco e logo terminou. Não aceitei prestar o serviço e nunca mais tive contato.

APERTO DE MÃO – COMO NÃO FAZER

Se por um lado não é um bom aperto de mão que vai garantir seu sucesso profissional, não saber executar corretamente esse gesto pode, por outro, transmitir uma imagem desagradável a seu interlocutor, marcando-o negativamente. Isso não se aprende na escola, e é bem pouco provável que alguém vá reclamar do seu jeito de praticar esse cumprimento, então cabe a você mesmo se policiar para evitar gafes ao apertar a mão de alguém.

O aperto de mão deve ser firme e deve durar tempo suficiente para transmitir confiança. Faça-o olhando nos olhos do interlocutor. Como parte da linguagem corporal, o aperto de mão também transmite uma mensagem, mesmo que não seja sua intenção.

Tive um cliente que possuía um péssimo hábito: ele tirava a mão rapidamente logo após o aperto. No nosso primeiro encontro, pensei até que eu estivesse com a mão suja, mas depois percebi que era algo de que ele não se dava conta, e ninguém nunca o havia advertido. Após conversarmos, pedi que ele fizesse um teste: apertasse a mão do interlocutor com firmeza, sem pressa. O efeito foi imediato: seus colegas de trabalho notaram, comentando que ele havia passado a apertar a mão de modo diferente, o que dava mais credibilidade para seu trabalho. Esse *feedback* só foi possível porque veio de pessoas próximas, com as quais ele trabalhava cotidianamente. Por isso, é importante se policiar e analisar o seu modo de cumprimentar, pois não é usual que as pessoas se sintam íntimas o suficiente para tecer esse tipo de comentário para você.

COMO LIDAR COM ATRASOS EM REUNIÕES

Atrasos são difíceis de evitar, ainda mais em cidades grandes, como Rio e São Paulo, com o trânsito cada vez mais caótico. Ainda que não seja a situação ideal e cause certo desconforto, é necessário saber como lidar com a impontualidade.

Tive um cliente que sempre chegava tarde aos seus compromissos, até o dia em que ele perdeu uma oportunidade importante de negócios ao se atrasar quarenta minutos para uma reunião. Assim que chegou, as pessoas se retiraram, irritadas com a falta de pontualidade, e meu cliente nem chegou a saber qual proposta seria apresentada, tendo uma porta profissional fechada. Ele acabou aprendendo, do pior modo possível, a importância da pontualidade no mundo corporativo. Porém, você não precisa passar por essa situação para aprender a lição.

Se você estiver liderando uma reunião em grupo, comece no horário, mesmo que haja um ou mais atrasados. Sempre comece falando sobre assuntos que interessam a todos. Dessa forma, é mais provável que os atrasados cheguem a tempo para o momento de lidar com questões mais específicas, e cabe a eles recuperar o que perderam da reunião. Vale a pena sempre se programar para chegar de dez a quinze minutos antes do começo da reunião, para evitar atrasos. Essa dica é válida também para os demais encontros profissionais e sociais, pois demonstra seriedade e comprometimento.

Tenho um amigo alemão que trabalha no ramo da moda e, ainda que more no Brasil há mais de cinco anos, ele exige que suas reuniões comecem pontualmente. É um mau hábito do brasileiro chegar tarde e começar reuniões com cinco ou dez minutos de atraso. Lá fora, reuniões costumam ser pontuais, e não custa nada se acostumar a respeitar horários, ainda mais quando você trabalha com pessoas estrangeiras, de diferentes culturas.

Ainda assim, se o atraso for inevitável, não cabe ficar se explicando. Se a reunião já começou, não interrompa para pedir desculpas, apenas tome seu lugar e deixe a reunião prosseguir. Se estão esperando você para começar a reunião, peça desculpas e explique o motivo do atraso, sem se estender muito. Importante: é melhor falar a verdade do que inventar desculpas.

ETIQUETA À MESA

Saber se portar à mesa não está relacionado à condição social ou ao nível de instrução. Um caso que ilustra bem isso ocorreu com um dos meus clientes. Ele era um profissional extremamente qualificado, com diversos MBAs e uma incrível facilidade para línguas, mas enfrentava um sério problema por causa de seus hábitos ao comer, que faziam com que ele fosse malvisto no ambiente de trabalho.

Com as agendas a cada dia mais atribuladas, almoços e jantares fazem parte do cotidiano do profissional corporativo, eventualmente fazendo as vezes de uma reunião de trabalho e permitindo uma maior proximidade e troca de informação entre colegas ou estreitamento de laço com clientes.

É importante sugerir um restaurante que fique perto do local de trabalho do cliente, ter o cuidado de saber o tipo de comida que ele prefere e apurar se há restrições alimentares, além de se planejar para estar no local com pelo menos dez minutos de antecedência do horário marcado. Chegando antes, é proibido comer, beber ou até mesmo mexer no guardanapo posicionado sobre o prato. Aguarde para fazer pedidos somente após o convidado chegar. Em uma refeição corporativa, mulheres são responsáveis por pagar a conta quando o convite é feito por elas.

Essas regras de etiqueta à mesa se aplicam não apenas ao ambiente corporativo, mas a todas as circunstâncias sociais. Se você ainda não as coloca em prática na sua vida cotidiana, está na hora de rever seus modos à mesa!

Quando for convidado, nunca peça o prato mais caro nem o mais barato do cardápio. Quem convida não deve escolher o prato de todos da mesa, mas, se essa for a situação em que se encontra e você for convidado, você não deve se queixar, ainda que a comida em questão não lhe apeteça. Seja discreto e coma o suficiente para não fazer uma desfeita.

Nunca se deve partir o pão com a faca. Esteja ele cortado ou inteiro, deve-se partir um pequeno pedaço com os dedos sobre o prato apropriado para esse fim – normalmente encontrado em restaurantes um pouco mais refinados – e levá-lo à boca. Somente depois disso se pode partir um novo pedaço.

Não apoie os cotovelos sobre a mesa. Isso não significa que você deva ficar parado como uma estátua, mas simplesmente quer dizer que os cotovelos não devem ser pousados na mesa.

Ao aceitar ser servido de algo, não se deve dizer nada, a menos que você não deseje ser servido. Então, deve-se agradecer dizendo "Não, muito obrigado". Não se deve emitir opiniões sobre a comida que está comendo; se não gosta, pode sempre deixar no prato. Nunca apanhe um talher ou guardanapo que tenha caído no chão. Não é necessário deixar restos ou raspar o prato, simplesmente coma até que esteja satisfeito. Ao terminar de comer, jamais empurre o prato, e muito menos entregue-o ao copeiro ou ao garçom. Quando precisar se levantar no meio da refeição, apoie o guardanapo no lado esquerdo do prato e, quando terminar, no lado direito.

E lembre-se: **jamais** deixe o celular sobre a mesa ou atenda-o no meio da refeição.

LIDANDO COM "SHREKS" – NÃO SEJA UM DELES!

Volta e meia preciso lidar com um cliente mais rude; esse é outro aspecto que independe de classe social e nível de instrução.

Como nem sempre uma pessoa de comportamento pouco polido tem noção da sua falta de trato, apresento sempre uma série de pequenas atitudes que demonstram cortesia e cavalheirismo. Se você ainda não as pratica no seu dia a dia, não se preocupe: ainda é tempo de mudar!

Você sempre deve deixar a mulher entrar primeiro em um recinto, assim como lembrar de segurar a porta do elevador (e todas as outras) e puxar cadeiras para que ela se sente. Em dias frios ou chuvosos, ao entrar em um restaurante ou lugar coberto, não deixe de segurar casacos e guarda-chuvas de mulheres. Ao caminhar acompanhado, ande ao lado da mulher, e não à frente dela.

Nunca se esqueça de dizer "por favor" e "obrigado" em todas as situações – e não apenas em ambiente profissional ou ao lidar com pessoas em posição hierárquica superior.

Tenho dois *cases* que ilustram bem as diferentes faces dos "Shreks". Tive um cliente que era empresário do setor de agropecuária e havia percebido que perdia oportunidades de negócios por conta do seu modo rude. Ele contratou meus serviços de consultoria e tivemos uma série de encontros para que eu pudesse ensiná-lo as regras básicas de etiqueta. Porém, percebi que as sessões não estavam se convertendo em mudanças na postura dele: ele não fazia anotações e demonstrava pouca atenção às lições que eu passava, como se esperasse que fosse aprender a se portar melhor por um passe de mágica, apenas por ser rico – ele vinha de uma família de posses – e estar gastando dinheiro para ter lições comigo. Foi uma péssima experiência para mim: ainda que estivesse sendo pago, eu estava perdendo meu tempo tentando ensinar alguém que não estava disposto a aprender.

Um outro cliente representa o extremo oposto. Era um *office boy* que trabalhava em uma grande multinacional havia mais de cinco anos. Ele era muito esforçado, mas era rude e não tinha preocupação com a aparência, até perceber que sua imagem era um limitador para seu sucesso profissional. Ganhando salário mínimo, ele pediu dinheiro emprestado e contratou meus serviços. Ao longo de semanas de consultoria, investiu dinheiro com cuidado em roupas melhores, prestando muita atenção a cada uma das dicas que eu passava para ele. Não muito tempo depois, seu chefe o chamou e conversou com ele sobre sua mudança no visual. Cativado por seus esforços para se apresentar melhor, o chefe fez com que a empresa pagasse para ele um curso de vendas, e ele foi transferido para o departamento comercial da empresa. Ele continuou a investir em sua imagem, pagou a dívida do empréstimo tomado e, meses mais tarde, me mandou um *e-mail* agradecendo por estar realizando seu sonho: ele, que nunca havia viajado de avião, estava em Londres, fazendo um mochilão pela Europa.

Isso prova que nunca é tarde para mudar e que educação e etiqueta não estão necessariamente atreladas ao fato de se ter dinheiro, mas sim a uma decisão e à consciência da necessidade de ser um profissional melhor.

Lembre-se: a boa educação não deve ser restrita ao ambiente profissional, ela deve ser posta em prática em todos os momentos, com todas as pessoas. Tal atitude é simples e tem o poder de transformar sua vida para melhor.

NETIQUETA

Esse é mais um adendo ao manual de boas maneiras do homem contemporâneo. Como explicamos no primeiro capítulo, nossa vida hoje está toda *on-line*, e não só em termos de trabalho. Tudo o que escrevemos e postamos se torna imediatamente algo fora de nosso controle, sob o risco de ser usado da pior forma por pessoas mal-intencionadas. Já que não podemos escapar disso, é importante que tomemos todos os cuidados ao nosso alcance para não dar margem ao mau uso de nossas informações e que tenhamos atenção especial com a forma de nos comunicarmos na internet.

É preciso lembrar que o computador não dá imunidade para que se quebrem as regras de bom senso e convívio em sociedade. Quando estamos *on-line*, devemos continuar tratando os outros como gostamos de ser tratados, sem nunca – jamais! – perder o respeito.

Tive, há tempos, um cliente, diretor de uma grande corporação, que comentou em uma rede social que seu plano de saúde era péssimo. Ele foi demitido por justa causa! Um outro cliente vivia colocando fotos de sunga nas redes sociais e, quando uma outra empresa o considerou para um cargo importante, seu perfil *on-line* foi decisivo para que ele nao fosse aceito, mesmo depois de ter sido chamado para uma sondagem. A empresa era muito conservadora e não aceitava o excesso de fotos desse tipo.

Outro cliente viajou para a Bahia no Carnaval e postou várias fotos com bebida alcoólica na mão, além de imagens nas quais aparecia bêbado e agarrando mulheres. Ele estava de férias, mas no seu perfil constavam o cargo e a empresa que ele representava. Foi mandado embora logo após chegar de viagem – ou seja: todo cuidado é pouco com as informações pessoais postadas nas redes sociais!

Evite também falar de cor da pele, orientação sexual e religião e jamais faça comentários preconceituosos ou que possam dar margem a ofensas.

Em caso de discordância em *e-mails* ou nas redes sociais, exponha os seus argumentos educadamente – se estiver participando de fóruns ou grupos de discussão, deixe o moderador exercer sua função. Não reaja com palavrões ou insultos, mesmo se for vítima de grosseria. Se o oponente seguir agressivo, simplesmente ignore-o. Ninguém gosta de ser questionado, e há pessoas que simplesmente não aceitam isso. O tom da discordância, porém, nunca deve ser desrespeitoso.

Ao redigir um texto, atenção com as MAIÚSCULAS: na internet, frases inteiras em maiúsculas parecem gritos e aumentam demais o espaço da mensagem. Usadas com parcimônia, elas ajudam a destacar o mais importante, mas essa, infelizmente, não tem sido a regra.

Mensagens de celular não devem preencher muitas linhas, uma vez que ocupam banda e tomam tempo do destinatário. Tenha cuidado também com os *emoticons* e *emojis*, pois eles podem demorar a carregar, deixando a leitura das mensagens confusa e cansativa.

Nas redes sociais, admite-se uma escrita mais informal, mas não abandone totalmente a pontuação e economize no uso do "internetês". Além do desconforto na leitura, as expressões típicas do mundo *on-line* podem não ser compreendidas por seu interlocutor, possibilitando mal-entendidos.

Ao pedir ajuda em fóruns, grupos de discussão ou redes sociais, lembre-se de que você está precisando de orientação e deve ser delicado com quem pode lhe prestar auxílio. Não deixe de agradecer mesmo se alguém não o ajudou, mas se deu ao trabalho de responder. É importante também deixar bem claro qual a sua dúvida ou problema, dando o máximo de informação possível. No caso de fóruns, eles têm uma separação por tópicos, que você deve observar antes de postar sua questão. Seja objetivo, não saia simplesmente pedindo socorro. E não deixe de consultar a rede (Google ou listas de ajuda) antes de tentar tirar sua dúvida: ela pode já ter sido resolvida no fórum que você está ou em outro. Seja paciente se a resposta demorar; os outros internautas não são seu *help desk*!

Agora, se você for responder a um pedido de ajuda, não o faça sugerindo uma busca no Google ou chamando de preguiçoso quem perguntou. Se não vai acrescentar, melhor ficar quieto.

Ao conversar via *chat* ou mensagens instantâneas, não interrompa abruptamente o diálogo. Ao mudar de assunto, não deixe de confirmar que recebeu a última mensagem, para que seu interlocutor saiba que a mudança não se deu por falha na comunicação. Indique o *status* de "ocupado" ou "ausente" quando não puder conversar.

Cores, variações de fonte, *tags*, etc. também devem ser evitadas em *e-mails*, fóruns e *chats*, pois não sabemos em que dispositivo os outros estarão lendo, e esses recursos podem prejudicar o *layout*. Já os textos muito longos devem ser divididos em parágrafos, para facilitar a leitura.

Na hora de encaminhar um *e-mail*, muita atenção: se for enviá-lo para uma lista grande de pessoas, use os campos BCC ou CCO para não divulgar indevidamente os endereços de seus contatos. Pense vinte vezes antes de repassar correntes ou mensagens com piadas: lembre-se de que o *e-mail* é uma das ferramentas de comunicação mais usadas, e você pode interromper a concentração do outro com besteiras. Avalie o real interesse que ele terá no tema da mensagem.

Ao responder, veja se há mais destinatários envolvidos e se é interessante que todos recebam essa resposta. Há *e-mails* que requerem *feedback* para todos, mas muitas mensagens são enviadas para um grupo grande, que não precisa passar o dia recebendo OKs em sua caixa postal.

E, por último, não é porque o texto está na internet que ele deixa de ter dono. Respeite o *copyright* e os direitos autorais, não use o material escrito por outros sem autorização e nunca deixe de dar o crédito ao autor.

BIBLIOGRAFIA

ART OF MANLINESS Suit School: Part III – A Primer on Suit Buttons. Em *The art of manliness*, 2-4-2010. Disponível em http://www.artofmanliness.com/2010/04/02/art-of-manliness-suit-school-part-iii-a-primer-on-suit-buttons/. Acesso em 29-5-2016.

A BRIEF HISTORY of the Capsule Wardrobe. Em *Brass*, 10-1-2016. Disponível em https://thatsbrass. wordpress.com/2016/01/10/a-brief-history-of-the-capsule-wardrobe/. Acesso em 29-5-2016.

FAUX, Susie. *Confidence Tricks*. Disponível em http://confidencetricks.susiefaux.com. Acesso em 29-5-2016.

_________ . *Susie Faux on Confident Style*. Disponível em http://www.wardrobe.co.uk. Acesso em 29-5-2016.

LUECKE, Andrew D. "A New Study Says Women Don't Like Your Beard As Much As You Do". Em *Esquire*, 29-8-2014. Disponível em http://www.esquire.com/style/grooming/a29928/new-beard-study-says-women-dont-like-as-much-as-you-do-082914/. Acesso em 6-5-2016.

MAQUIAVEL, Nicolau. *O príncipe*. São Paulo: Martins Fontes, 2010.

OLIVETO, Paloma. "Julgamento inicial sobre uma pessoa dificilmente é desfeito". Disponível em http://www.em.com.br/app/noticia/tecnologia/2014/02/25/interna_tecnologia,501679/julgamento-inicial-sobre-uma-pessoa-dificilmente-e-desfeito.shtml. Acesso em 5-5-2016.

SOBRE O AUTOR

Filho de comerciantes de tecidos da rua 25 de março, Alexandre Taleb, desde pequeno, acompanhava o pai todos os sábados, junto a seus irmãos, na loja de tecidos da família. Formado em administração de empresas, cuidou dos negócios familiares por anos. Depois dessa experiência, atuou na área de turismo, de vendas da Empório Armani e como assessor direto da deputada federal Mara Gabrilli, sendo autor do livro *Somos todos diferentes*, sobre a inclusão da criança com deficiência em seu ambiente social.

Sua trajetória profissional fez com que retornasse às suas origens, retomando sua grande paixão. Investiu na consultoria de imagem e não hesitou em buscar a melhor formação profissional; para atender ao mercado corporativo, formou-se em imagem corporativa e executiva e em etiqueta pessoal e corporativa. Hoje, Alexandre assessora pessoas e empresas, cuidando para que transmitam autenticidade, credibilidade e autoconfiança por meio de sua imagem pessoal.

É professor de consultoria de imagem e do MBA de gestão de luxo da FAAP – Fundação Armando Álvares Penteado, na qual ensina as disciplinas de personal shopper e personal stylist masculino, além do curso Como Criar um Blog, pioneiro no Brasil. Em Curitiba, é professor do curso de gestão de imagem, no Centro Europeu e na Faculdade Opet. Também ministra aulas de consultoria de imagem na Universidade Caxias do Sul (UCS), em Caxias do Sul (RS).

Atua como personal shopper e stylist nos melhores shoppings de São Paulo. Trabalhou no SBT com Otávio Mesquita, no programa *Okay Pessoal*, no quadro "Beleza masculina", sobre moda e comportamento, e também na TV Record em um quadro de moda masculina, no programa do apresentador Rodrigo Faro.

Alexandre foi o primeiro homem no Brasil a ser contratado como *lifestyle influencer* da empresa Caras Blog, do grupo Editora Caras. É palestrante e personal shopper da Bloomingdale's, em Nova York.

Foi convidado a assinar uma linha de sapatos masculinos da Sapataria Cometa, uma das mais tradicionais e antigas de São Paulo, e uma linha de camisetas da Tgreen.

Atualmente, é embaixador de uma linha de joias masculinas da Joalheiria Lank Design.

Capa da revista *Billionaire Business*, do segmento de luxo e *lifestyle*, Alexandre foi também homenageado na Câmara Municipal de São Paulo como o Homem de Sucesso 2014 e 2015 e recebeu o 29º Prêmio Magnífico – Melhores do Ano 2014, categoria Consultoria de Imagem.

Saiu na revista *GQ* da *Vogue* como um dos 25 homens mais elegantes do Brasil em 2017.

ÍNDICE

Este livro foi composto com as fontes Myriad Pro e Pluto,
impresso em papel couchê fosco 150 g/m² no miolo
e cartão supremo 250 g/m² na capa